el río
y la laguna

Almeja de agua dulce

Carrizo común

Penacho con semillas del carrizo común

Caracol acuático, limnea

Cráneo de nutria

Efémera

Cráneo de Martín pescador

Fruto de la espadaña

Nido y huevos de escribano soteño

Huevo de ánade real

Gran escarabajo acuático

Ala de Martín pescador

Huevo de avetoro

Huevo de
agachadiza

Libélula de bandas

BIBLIOTECA VISUAL ALTEA

Planorbis grande

el río
y la laguna

por

Steve Parker

en asociación con el British Museum (Natural History), Londres.

Consejo editorial:
Londres:
Peter Kindersley, Sophie Mitchell,
Pamela Harrington, Jane Owen,
Philip Dowell.

París:
Pierre Marchand, Jean-Olivier Héron,
Christine Baker, Anne de Bouchony,
Catherine de Sairigné-Bon.

Madrid:
Miguel Azaola, María Puncel.

Asesoría científica:
Dirección del Natural History Museum, Londres.

Caracolillos
acuáticos

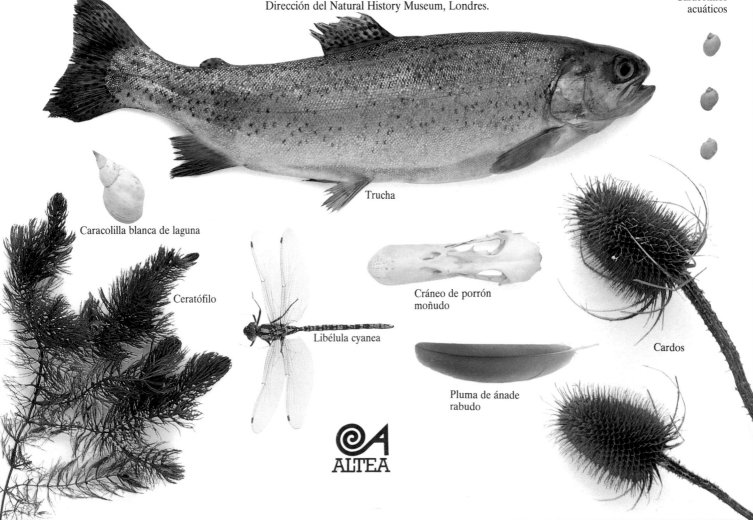

Caracolilla blanca de laguna

Ceratófilo

Trucha

Cráneo de porrón
moñudo

Libélula cyanea

Cardos

Pluma de ánade
rabudo

ALTEA

Ceratófilo
rizado

Hojas flotantes de potamogetón
o espiga de agua

Caracol de río

Helecho

Semillas de lirio
amarillo

Pluma de pájaro
acuático

Escarabajo
acuático

Hojas de hierbas
de laguna

Helecho
acuático
azolla

el río
y la laguna

A DORLING KINDERSLEY BOOK

5.ª reimpresión: Enero 1994

Hierba de
manantial

Espinosos

Chinche de agua,
notonecta

Título original: Eyewitness Encyclopedia.
Volume 7: Pond & river.

Publicado originalmente en 1988 en Gran Bretaña por
Dorling Kindersley Limited, 9 Henrietta st., London WC2E 885

y en Francia por Éditions Gallimard, 5 rue Sébastien
Bottin, 75008 París.

Larva
de libélula

Pluma de ave
acuática

Traducido por María Puncel.

Hojas de nenúfar

Corregüela
hembra

Printed in Singapore by Toppan Printing Co. (S) Pte Ltd.

Caracoles de laguna

Ceratófilo

sumario

Caracol planorbis

Hojas de berro

Hoja de ceratófilo

Plantas de primavera

Después de los días grises y fríos del invierno, llega la primavera. Los días se alargan y la temperatura sube. Las plantas comienzan su carrera anual para conseguir un lugar bajo el sol. En general, las algas pequeñas y las lentejas de agua son las primeras en empezar a crecer, ya que necesitan poco alimento porque son de tamaño reducido. Alrededor de la laguna y en las zonas pantanosas, los lirios y los carrizos empiezan también a mostrar pequeños brotes nuevos. Todas las plantas de esta página fueron recogidas alrededor de una laguna en un día de primavera.

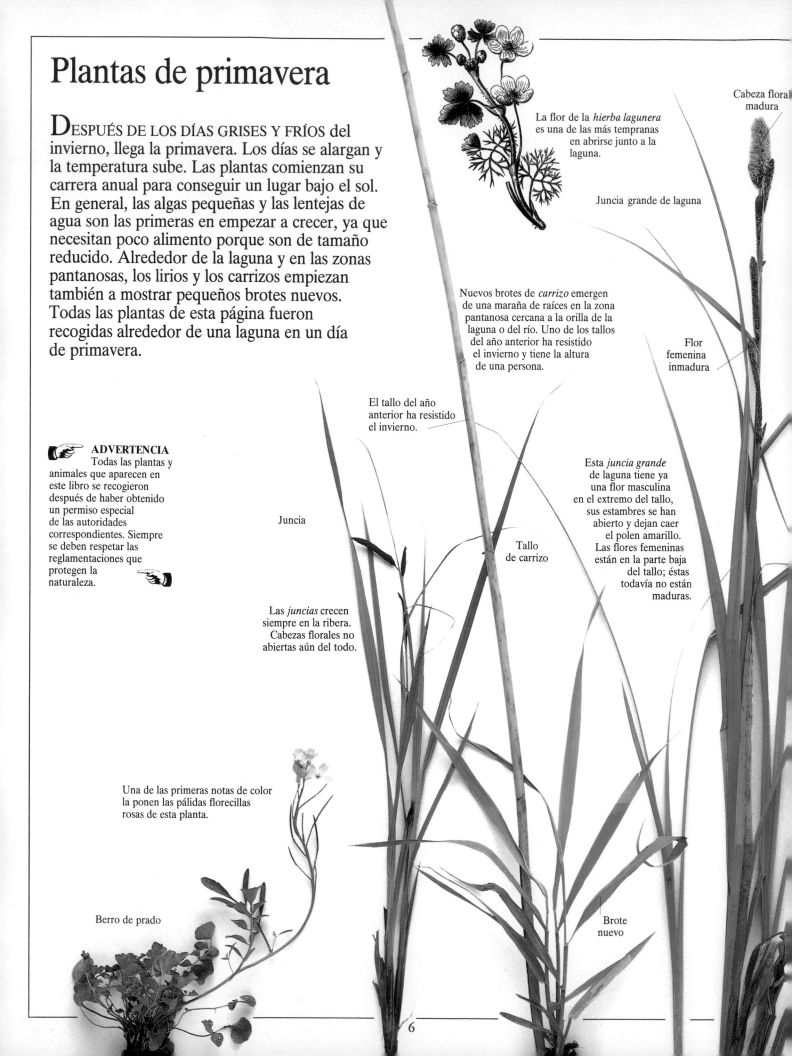

ADVERTENCIA
Todas las plantas y animales que aparecen en este libro se recogieron después de haber obtenido un permiso especial de las autoridades correspondientes. Siempre se deben respetar las reglamentaciones que protegen la naturaleza.

La flor de la *hierba lagunera* es una de las más tempranas en abrirse junto a la laguna.

Cabeza floral madura

Juncia grande de laguna

Nuevos brotes de *carrizo* emergen de una maraña de raíces en la zona pantanosa cercana a la orilla de la laguna o del río. Uno de los tallos del año anterior ha resistido el invierno y tiene la altura de una persona.

Flor femenina inmadura

El tallo del año anterior ha resistido el invierno.

Esta *juncia grande* de laguna tiene ya una flor masculina en el extremo del tallo, sus estambres se han abierto y dejan caer el polen amarillo. Las flores femeninas están en la parte baja del tallo; éstas todavía no están maduras.

Juncia

Tallo de carrizo

Las *juncias* crecen siempre en la ribera. Cabezas florales no abiertas aún del todo.

Una de las primeras notas de color la ponen las pálidas florecillas rosas de esta planta.

Brote nuevo

Berro de prado

Los *sauces*, árboles que viven en las orillas de los lagos y de los ríos, reciben a la primavera llenándose de amentos, que son sus flores. Las abejas y otros insectos visitan los amentos para aprovechar el néctar y el polen. El viento lleva el polen desde los amarillos amentos masculinos a los femeninos que son verdosos y que, generalmente, nacen en otro árbol.

Amentos femeninos

Sauce cabruno

Sauce llorón

Amentos femeninos

Sauce blanco

El *lirio amarillo* pronto florecerá. Las hojas crecen a partir de la gruesa raíz que se extiende bajo tierra. Las hojas tienen forma de espada.

Lirio amarillo

Hojas en forma de espada

La oruga de esta polilla, la *cerura harpía,* se alimenta con hojas de sauce y de álamo. Estos dos árboles crecen en terrenos húmedos.

Amentos macho cubiertos de polen amarillo.

Tallo del año anterior

Las flores del *ranúnculo* son de un amarillo intenso y se abren tan pronto como desaparecen las últimas nieves. Un caracol u otro herbívoro ha mordisqueado ya una de las hojas.

El *llantén de agua,* llamado también pan de ranas, empieza a brotar desde su base, que se asemeja a un bulbo. Un tallo seco y tronchado es todo lo que queda de la planta del año anterior que alcanzó casi un metro de altura.

Brote reciente

Ranúnculo de pantano

Hoja mordida por un caracol

Llantén de agua

Hojas delicadamente hendidas

Ruda de los prados

Una plantita joven de *ruda de los prados* produce un penacho de hojas delicadamente hendidas. Le gustan los terrenos húmedos y las orillas de las lagunas y los arroyos.

7

Animales de primavera

TAN PRONTO COMO EL SOL PRIMAVERAL empieza a caldear las aguas, los animales de la laguna comienzan a salir de sus refugios entre las plantas y en el fondo fangoso. Tienen prisa por renovar la vida. Ranas, sapos, peces y tritones se emparejan y las hembras ponen huevos. Los pequeños nacen en seguida y empiezan a disfrutar de la abundancia de alimentos que la primavera proporciona a todos. Los animales acuáticos de sangre fría se vuelven muy activos y en las lagunas pequeñas, cuyas aguas se calientan antes, aparecen en seguida nuevos caracoles, insectos, anfibios y muchos otros animalillos recién nacidos.

Puesta de una rana

Una gelatina protectora rodea el huevo

Huevo negr

Este grabado de una pulga de agua muestra su compleja anatomía.

Renacuajos procedentes de una laguna fría.

Renacuajos procedentes de una laguna caliente.

Cada *caracol* adulto pone unos 400 huevos dentro de una especie de cordón de gelatina sujeto a la parte inferior de una hoja de la que se alimentarán los pequeños (pág. 52).

En enero, las *ranas adultas* se emparejan (págs. 38-39). En marzo, la hembra pone unos 3.000 huevos que el macho fertiliza encaramado sobre la espalda de ella. La gelatina que rodea los huevos se hincha en el agua y adquiere varias veces su tamaño.

Los *renacuajos* nacen unas dos o tres semanas después de la puesta. Cuanto más caliente está el agua más rápidamente se desarrollan. Aquí hay renacuajos procedentes de una laguna grande y fría, nacidos hace dos semanas, mezclados con renacuajos nacidos cuatro semanas antes en una pequeña laguna que se calentó más rápidamente.

Sapo común

Piel seca y verrugosa

En primavera, los caracoles ponen sus huevos bajo hojas como éstas de nenúfar.

Hojas de nenúfar

Gelatina protectora

Huevos de caracol

Caracoles de laguna

Pulgas de agua

Las *pulgas de agua* y algunos otros diminutos animales, además de las plantas, hacen que el agua de la laguna parezca una «sopa verde», que será el alimento de animales más grandes.

Muchos *caracoles de laguna* son hermafroditas, es decir, tienen a la vez órganos reproductores femeninos y masculinos.

Las hojas viejas se hienden en los bordes.

8

Este joven *escarabajo acuático*, frecuente en lagunas pequeñas, puede estar celebrando su segundo cumpleaños. Hace dos años fue huevo, aquel otoño fue larva, en la primavera fue pupa, y el verano pasado apareció ya como adulto.

La *larva de escarabajo* acuático tiene grandes y fuertes mandíbulas siempre listas para atrapar cualquier alimento que contenga la laguna. Algunas especies permanecen en estado de larva dos años o más, antes de convertirse en pupas y luego en adultos (pág. 51).

El *gran escarabajo nadador* es el rey de los carnívoros en muchas lagunas pequeñas. Come renacuajos, peces pequeños y casi todo lo que puede atrapar. Éste es una hembra, los machos tienen el caparazón que protege las alas más liso y brillante.

La hembra tiene el caparazón estriado.

Vegetación verde pálido

Escarabajo acuático

La *larva de efémera* muestra sus características tres colas. Puede convertirse en adulto en mayo o junio y alzar el vuelo inmediatamente después (pág. 50).

Larva de escarabajo acuático

Sanguijuela

Larva de efémera

Cresta sobre la espalda del macho

Tritón macho

Asellus

Lentejas de agua

La *sanguijuela* evoluciona por el agua en busca de comida. Esta sanguijuela no chupa sangre, ataca a los gusanos y otros animalillos blandos y se los traga enteros.

El *asellus* hembra lleva a cuestas al macho mientras éste fertiliza los huevos que ella guarda en una bolsa bajo su cuerpo.

En primavera el *tritón* macho presenta una cresta sobre su espalda y manchas negras sobre la piel. La piel de la hembra permanece de un verde parduzco.

Tritón hembra

Bajo el sol primaveral, las *lentejas de agua* proliferan en la laguna (pág. 44). Sus diminutas hojas proporcionan alimento a caracoles y larvas de insectos.

La *hierba lagunera* es un ranúnculo acuático, tiene hojas anchas y planas que flotan en la superficie del agua y que proporcionan sombra y refugio a los peces.

Rana común

Piel lisa y brillante

Alrededor de la laguna puede haber *adultos* y también *pequeñas ranas* nacidas el año anterior (págs. 38-39).

Las hojas que flotan en la superficie son anchas y planas.

En primavera, la garganta y el vientre del *espinoso* macho se vuelven de un rojo vivo. Con este color nupcial estimula a la hembra a poner huevos en el nido que él ha preparado en el fondo de la laguna (pág. 25).

Las ranas pierden la cola poco después de salir del agua.

Algunas hojas que crecen debajo del agua tienen aspecto plumoso.

Espinoso macho

Espinoso hembra

Plantas tempranas de verano

LA RIQUEZA Y VARIEDAD de la vida animal en la laguna se basa en las plantas. Sólo el buen crecimiento de las plantas que aquí aparecen, y que han sido recogidas en una laguna a principios del verano, pueden proporcionar alimento y refugio a los animales acuáticos. El tipo y abundancia de las plantas de la laguna dependen de la cantidad de luz que ésta reciba. La luz del sol es la fuente de energía que posibilita la vida y en verano hay mucha. Las plantas verdes transforman la energía solar en energía química gracias al proceso de fotosíntesis. Cuando un herbívoro come una planta, toma parte de esta energía química; un carnívoro obtiene del herbívoro lo que aquel tomó de la planta. A lo largo de este proceso cada planta y cada animal gasta parte de la energía en moverse, renovar tejidos y producir huevos o semillas. Una laguna demasiado sombreada por los árboles tendrá poca vida vegetal y poca o ninguna animal.

El largo y recto tallo del *carrizo común* sobresale ya por encima de la mayoría de las plantas (pág. 33). Las cabezas florales no aparecerán hasta finales del verano.

Las firmes y enhiestas hajas de la *espadaña* son tan altas como una persona. Pronto aparecerán las características flores tubulares de color pardo (pág. 33).

La corola rosa de esta *flor de cuclillo* tiene los pétalos profundamente divididos. Elige siempre terrenos muy húmedos en la orilla de lagunas y pantanos.

Florece durante unos dos meses a principios del verano.

Flor de cuclillo

Aro acuático

Semillas plumosas

El *erióforo*, habitante de pantanos y orillas de la laguna, es de la familia de las juncias (pág. 32). Cuando el fruto está maduro, aparecen unos penachos plumosos que el viento dispersa junto con las semillas que albergan en su interior.

La *escrofularia*, aparece con frecuencia en los terrenos muy húmedos. El botón central de cada grupo es el primero en abrirse; tiene un olor desagradable que atrae a los insectos polinizadores.

El botón central es el primero en abrirse a principios del verano.

Tallo de carrizo común

Escrofularia

Escrofularia común

El *aro acuático* tiene varios gruesos tallos firmemente sostenidos por abundantes raíces.

Las raíces sujetan la planta en la movediza tierra de la orilla.

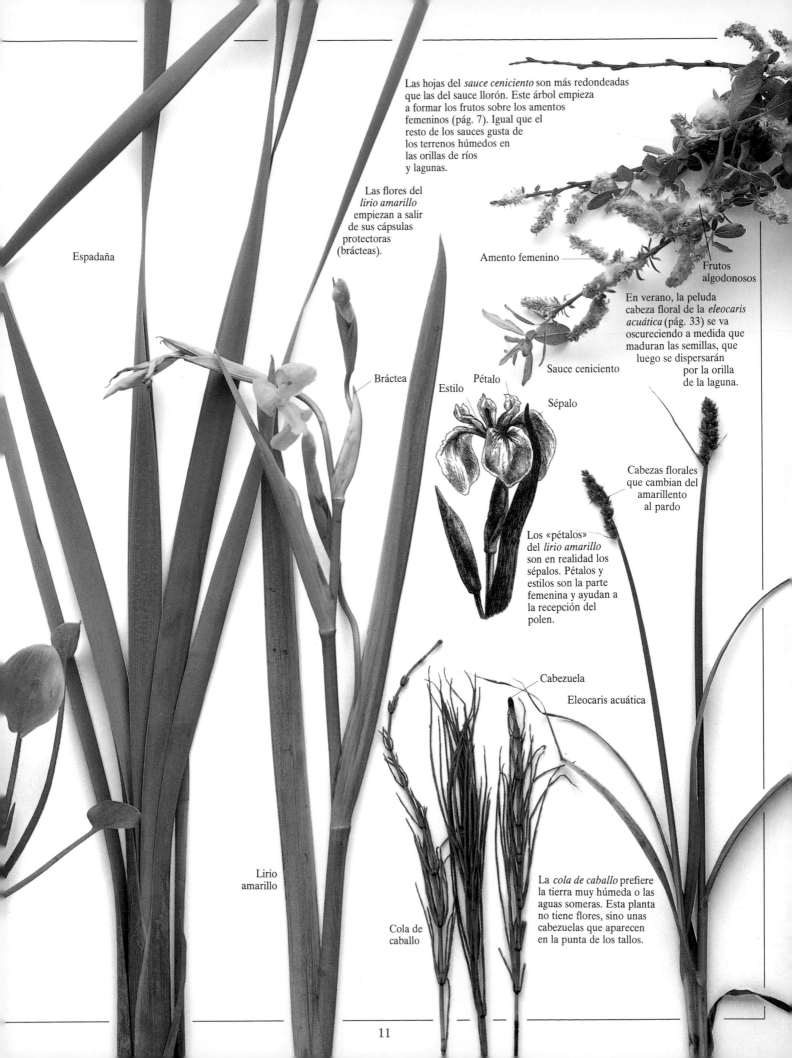

Las hojas del *sauce ceniciento* son más redondeadas que las del sauce llorón. Este árbol empieza a formar los frutos sobre los amentos femeninos (pág. 7). Igual que el resto de los sauces gusta de los terrenos húmedos en las orillas de ríos y lagunas.

Las flores del *lirio amarillo* empiezan a salir de sus cápsulas protectoras (brácteas).

Espadaña

Amento femenino

Frutos algodonosos

En verano, la peluda cabeza floral de la *eleocaris acuática* (pág. 33) se va oscureciendo a medida que maduran las semillas, que luego se dispersarán por la orilla de la laguna.

Bráctea

Estilo

Pétalo

Sépalo

Sauce ceniciento

Cabezas florales que cambian del amarillento al pardo

Los «pétalos» del *lirio amarillo* son en realidad los sépalos. Pétalos y estilos son la parte femenina y ayudan a la recepción del polen.

Cabezuela

Eleocaris acuática

Lirio amarillo

Cola de caballo

La *cola de caballo* prefiere la tierra muy húmeda o las aguas someras. Esta planta no tiene flores, sino unas cabezuelas que aparecen en la punta de los tallos.

Animales de principios del verano

A COMIENZOS DEL VERANO, los renacuajos, las larvas de insectos y los caracoles acuáticos devoran sin cesar las abundantes plantas que la laguna les ofrece (págs. 10-11).

Todos engordan, pero su número disminuye porque otros animales carnívoros, como las larvas de escarabajos, las ninfas de libélula (pág. 48), los tritones y los peces pequeños se los comen. Todos estos engordan y, a su vez, son devorados por carniceros de mayor tamaño: ranas, carpas y tencas, garzas, musarañas acuáticas, visones y otros mamíferos.

Así se forma la cadena alimentaria de la laguna: primero las plantas, luego los herbívoros (comedores de plantas), luego los carnívoros (comedores de carne), pero éste no es el final. Todos ellos mueren, y cuando esto ocurre, animales como el asellus acuático consumen los restos de plantas y animales. Los desechos de todas las criaturas enriquecen el agua que proporciona minerales y otras materias a las nuevas plantas. Los nutrientes recorren así un círculo de reciclaje dentro del pequeño ecosistema formado en la laguna.

Escarabajo acuático plateado en posición de vuelo para que se vean las alas.

Sapo común

Todavía pueden quedar cerca de la laguna algunos *sapos* de los que vinieron a emparejarse aquí, pero la mayoría se ha ido ya a sus refugios: rincones húmedos, troncos huecos, setos... No volverán hasta la próxima primavera.

Renacuajos que ya tienen patas traseras.

La *corregüela hembra* es una planta acuática de aguas someras; a su alrededor nadan y se mueven muchas criaturas de la laguna en esta época del año. Tiene unas diminutas flores sin pétalos que brotan en el nacimiento de las hojas, junto al tallo.

Quedan ya menos *renacuajos de rana;* muchos de sus hermanos han sido presa de peces, tritones, escarabajos acuáticos y ninfas de libélula. Tienen patas traseras, que salen hacia la séptima semana. El cambio de renacuajo a rana adulta se llama metamorfosis.

Gran caracol de laguna

Este *gran caracol de laguna* tiene ya casi su tamaño máximo, 5 cm. Se desliza lentamente por el fondo de la laguna comiendo restos de plantas.

Corregüela hembra

Esta *ninfa de libélula emperador* ha aterrorizado durante dos años a todas las criaturas de la pequeña laguna porque es una gran predadora. Muy pronto trepará por un tallo y saldrá del agua para hacer su última muda (pág. 48).

Grabado de una *corixa* que muestra las patas peludas. Se llama también garapito.

Dos *chinches de agua, corixas* (pág. 51), se mueven por entre las hojas, parecidas a las de hiedra, de estas *lentejas de agua*. A diferencia de otros tipos de lentejas de agua (pág. 9) esta planta flota justo debajo de la superficie del agua.

Ninfa de libélula emperador

Ninfa de efémera atacada por una ninfa de libélula.

Esta larva de cuello larguísimo se convertirá en un *escarabajo acuático*, del mismo grupo del gran escarabajo nadador (pág. 51).

Larva de escarabajo acuático

Gusano plano, planaria

Escarabajo acuático plateado (pág. 51).

A veces se encuentran *sanguijuelas* dentro del agua, debajo de las piedras.

Los *ácaros acuáticos* pueblan la mayor parte de las lagunas y corrientes de agua, miden pocos milímetros de largo.

Las hojas de la *hydrocaris morsus-ranae, bocado de rana*, han brotado de sus capullos invernales (pág. 45) y proporcionan sombra a las criaturas acuáticas ahora que el calor es mayor. Las flores no saldrán hasta mediado el verano.

Hierba lagunera

La *hierba lagunera* cubre ahora muchas superficies acuáticas con sus hojas flotantes y sus flores blancas. Los brotes plumosos también pertenecen a esta planta, son sus hojas sumergidas (pág. 9).

Carpa fry

Bocado de rana

Carpa fry

Esta cría de *carpa fry* salió del huevo hace varias semanas. Su madre puso cerca de medio millón de huevos. Las carpas no ponen huevos a menos que el agua esté a unos 18º C o más. Este ejemplar pesará dentro de un año alrededor de 1 kg.

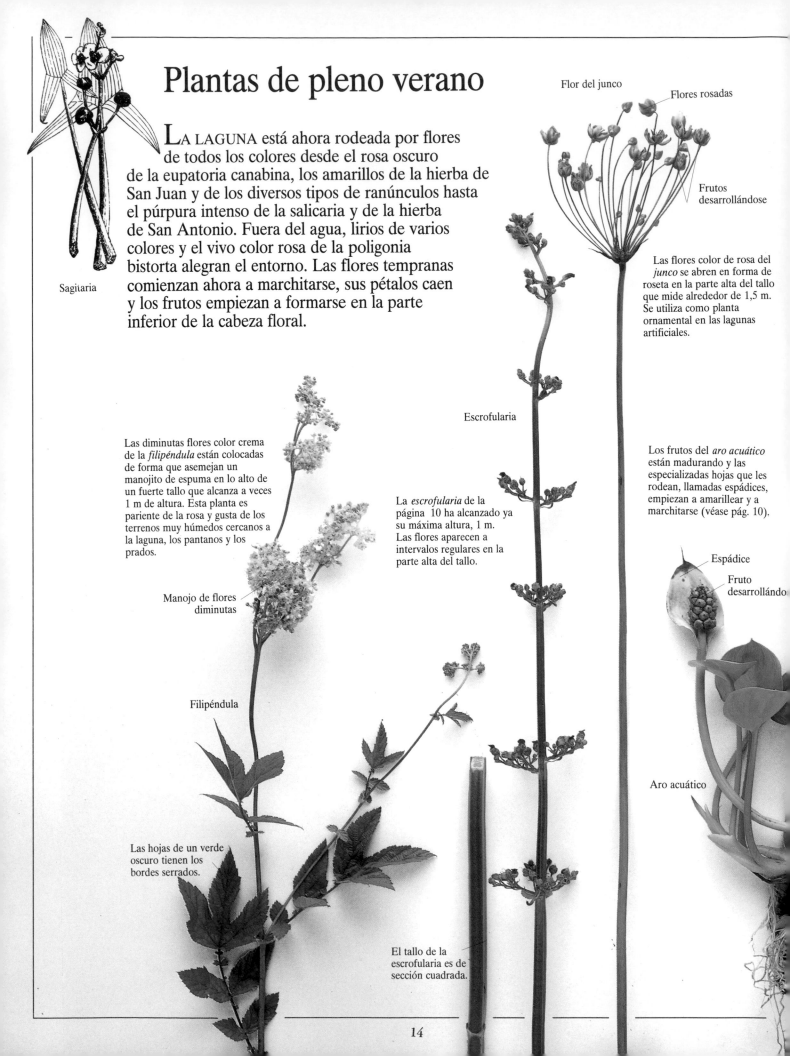

Plantas de pleno verano

LA LAGUNA está ahora rodeada por flores de todos los colores desde el rosa oscuro de la eupatoria canabina, los amarillos de la hierba de San Juan y de los diversos tipos de ranúnculos hasta el púrpura intenso de la salicaria y de la hierba de San Antonio. Fuera del agua, lirios de varios colores y el vivo color rosa de la poligonia bistorta alegran el entorno. Las flores tempranas comienzan ahora a marchitarse, sus pétalos caen y los frutos empiezan a formarse en la parte inferior de la cabeza floral.

Sagitaria

Flor del junco

Flores rosadas

Frutos desarrollándose

Las flores color de rosa del *junco* se abren en forma de roseta en la parte alta del tallo que mide alrededor de 1,5 m. Se utiliza como planta ornamental en las lagunas artificiales.

Escrofularia

Las diminutas flores color crema de la *filipéndula* están colocadas de forma que asemejan un manojito de espuma en lo alto de un fuerte tallo que alcanza a veces 1 m de altura. Esta planta es pariente de la rosa y gusta de los terrenos muy húmedos cercanos a la laguna, los pantanos y los prados.

La *escrofularia* de la página 10 ha alcanzado ya su máxima altura, 1 m. Las flores aparecen a intervalos regulares en la parte alta del tallo.

Los frutos del *aro acuático* están madurando y las especializadas hojas que les rodean, llamadas espádices, empiezan a amarillear y a marchitarse (véase pág. 10).

Manojo de flores diminutas

Espádice

Fruto desarrollándo

Filipéndula

Las hojas de un verde oscuro tienen los bordes serrados.

Aro acuático

El tallo de la escrofularia es de sección cuadrada.

La *mimbrera* o salguera blanca es un sauce al que le gusta mucho el agua; sus hojas son largas y puntiagudas. Los diminutos pelillos del envés de las hojas son de un gris verdoso.

Mimbrera o salguera blanca

Espino albar

Baya

Las flores blanco-rosado del *llantén de agua* se abren en el extremo de los rectos tallos en esta época del año.

El haz de las hojas es verde oscuro.

El envés de las hojas es gris

Los *espinos* se adaptan a una gran diversidad de suelos y esta planta se encuentra con frecuencia cerca de las lagunas. Sus bayas varían en unas semanas de un verde intenso a un rojo brillante y atraen a muchos pájaros que vienen a comérselas.

Las flores del *lirio amarillo* (pág. 10) se han marchitado y se están formando las cápsulas frutales. Cada cápsula se asemeja a un gruesa vaina de guisante y contiene varias semillas nudosas (pág. 4).

Vaina de semillas

La *hierba de San Juan* (véase pág. 16) crece en lugares encharcados como los bosques sombríos y las orillas de las lagunas. Las flores empiezan a marchitarse a mediados del verano.

Hierba de San Juan

La forma de esta flor amarilla indica que pertenece a la familia de los ranúnculos. Las dos esferitas espinosas son frutos que están madurando.

Fruto madurando

Flor marchita

Lirio amarillo

La *nomeolvides, miosotis, acuática* florece durante todo el verano en los lugares húmedos y sombreados. Los tallos se arrastran por el borde de la laguna y las flores pueden ser azules, blancas o rosas.

Nomeolvides acuática

Hojas en forma de espada

Ranúnculo lingua

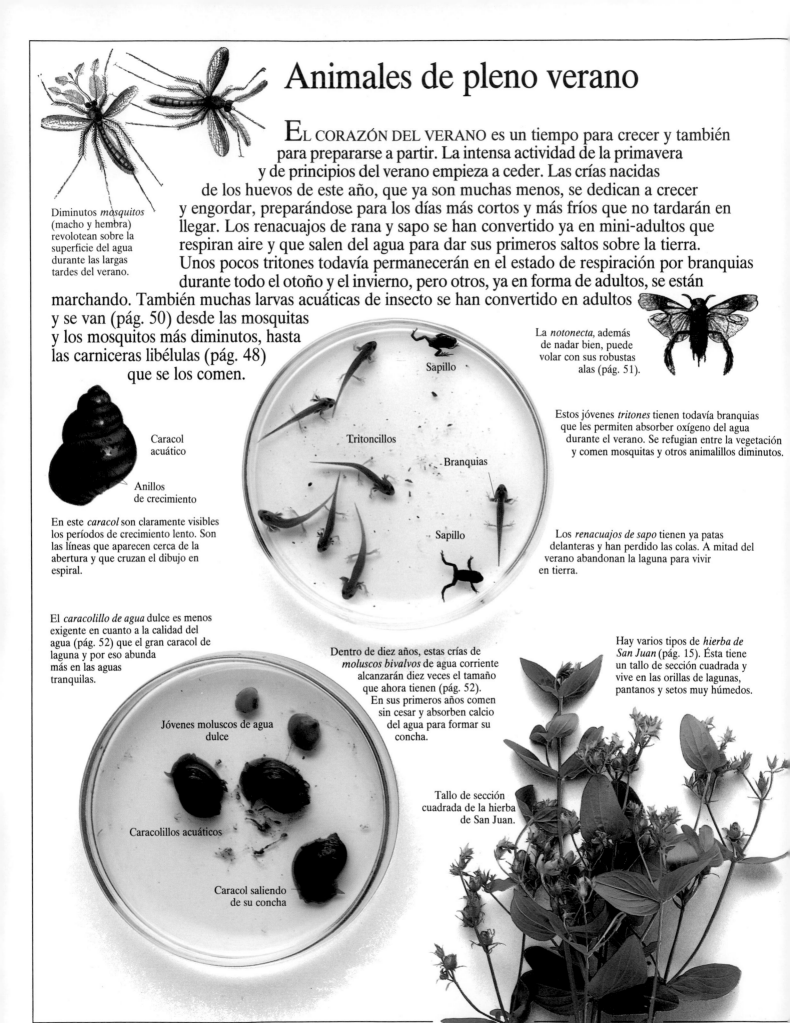

Animales de pleno verano

EL CORAZÓN DEL VERANO es un tiempo para crecer y también para prepararse a partir. La intensa actividad de la primavera y de principios del verano empieza a ceder. Las crías nacidas de los huevos de este año, que ya son muchas menos, se dedican a crecer y engordar, preparándose para los días más cortos y más fríos que no tardarán en llegar. Los renacuajos de rana y sapo se han convertido ya en mini-adultos que respiran aire y que salen del agua para dar sus primeros saltos sobre la tierra. Unos pocos tritones todavía permanecerán en el estado de respiración por branquias durante todo el otoño y el invierno, pero otros, ya en forma de adultos, se están marchando. También muchas larvas acuáticas de insecto se han convertido en adultos y se van (pág. 50) desde las mosquitas y los mosquitos más diminutos, hasta las carniceras libélulas (pág. 48) que se los comen.

Diminutos *mosquitos* (macho y hembra) revolotean sobre la superficie del agua durante las largas tardes del verano.

La *notonecta*, además de nadar bien, puede volar con sus robustas alas (pág. 51).

Caracol acuático

Anillos de crecimiento

En este *caracol* son claramente visibles los períodos de crecimiento lento. Son las líneas que aparecen cerca de la abertura y que cruzan el dibujo en espiral.

Sapillo

Tritoncillos

Branquias

Sapillo

Estos jóvenes *tritones* tienen todavía branquias que les permiten absorber oxígeno del agua durante el verano. Se refugian entre la vegetación y comen mosquitas y otros animalillos diminutos.

Los *renacuajos de sapo* tienen ya patas delanteras y han perdido las colas. A mitad del verano abandonan la laguna para vivir en tierra.

El *caracolillo de agua dulce* es menos exigente en cuanto a la calidad del agua (pág. 52) que el gran caracol de laguna y por eso abunda más en las aguas tranquilas.

Dentro de diez años, estas crías de *moluscos bivalvos* de agua corriente alcanzarán diez veces el tamaño que ahora tienen (pág. 52). En sus primeros años comen sin cesar y absorben calcio del agua para formar su concha.

Jóvenes moluscos de agua dulce

Caracolillos acuáticos

Caracol saliendo de su concha

Hay varios tipos de *hierba de San Juan* (pág. 15). Ésta tiene un tallo de sección cuadrada y vive en las orillas de lagunas, pantanos y setos muy húmedos.

Tallo de sección cuadrada de la hierba de San Juan.

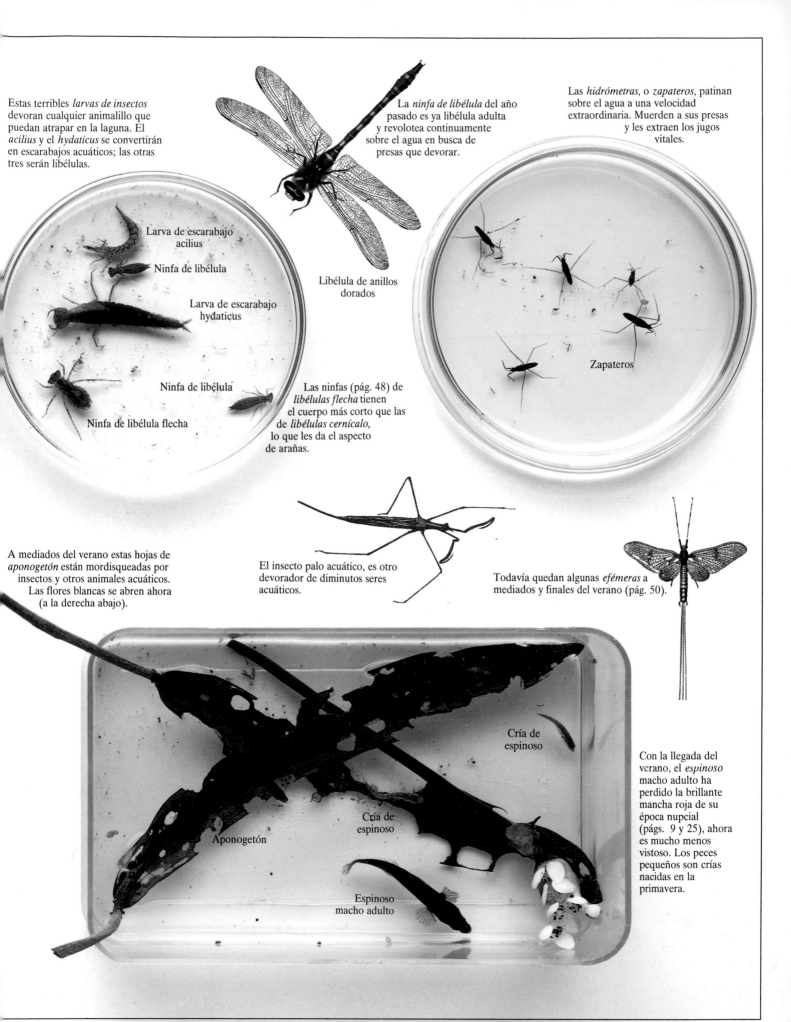

Estas terribles *larvas de insectos* devoran cualquier animalillo que puedan atrapar en la laguna. El *acilius* y el *hydaticus* se convertirán en escarabajos acuáticos; las otras tres serán libélulas.

La *ninfa de libélula* del año pasado es ya libélula adulta y revolotea continuamente sobre el agua en busca de presas que devorar.

Las *hidrómetras*, o *zapateros*, patinan sobre el agua a una velocidad extraordinaria. Muerden a sus presas y les extraen los jugos vitales.

Larva de escarabajo
acilius

Ninfa de libélula

Libélula de anillos
dorados

Larva de escarabajo
hydaticus

Ninfa de libélula

Ninfa de libélula flecha

Las ninfas (pág. 48) de *libélulas flecha* tienen el cuerpo más corto que las de *libélulas cernícalo*, lo que les da el aspecto de arañas.

Zapateros

A mediados del verano estas hojas de *aponogetón* están mordisqueadas por insectos y otros animales acuáticos. Las flores blancas se abren ahora (a la derecha abajo).

El insecto palo acuático, es otro devorador de diminutos seres acuáticos.

Todavía quedan algunas *efémeras* a mediados y finales del verano (pág. 50).

Cría de
espinoso

Aponogetón

Cría de
espinoso

Espinoso
macho adulto

Con la llegada del verano, el *espinoso* macho adulto ha perdido la brillante mancha roja de su época nupcial (págs. 9 y 25), ahora es mucho menos vistoso. Los peces pequeños son crías nacidas en la primavera.

La laguna en otoño

POCO A POCO, el arco que el Sol recorre en el cielo va siendo más bajo y los días se acortan. Todavía la temperatura es buena a mediodía, pero por las noches ya hace frío. Ha llegado el otoño, los animales de la laguna se preparan para el invierno. Los pájaros que vinieron en verano se han ido; ahora llegarán las aves acuáticas, como la oca barnacla, el cisne chico y el ánade rabudo (pág. 28) que vienen desde sus zonas de cría en el norte para ocupar las lagunas grandes, los lagos y los pantanos. Los mamíferos y los pájaros que se quedan comen glotonamente los frutos maduros para almacenar energías; el invierno está cerca y ya empiezan a soplar los vientos fríos que resecan y destrozan sus refugios habituales entre la vegetación de la orilla.

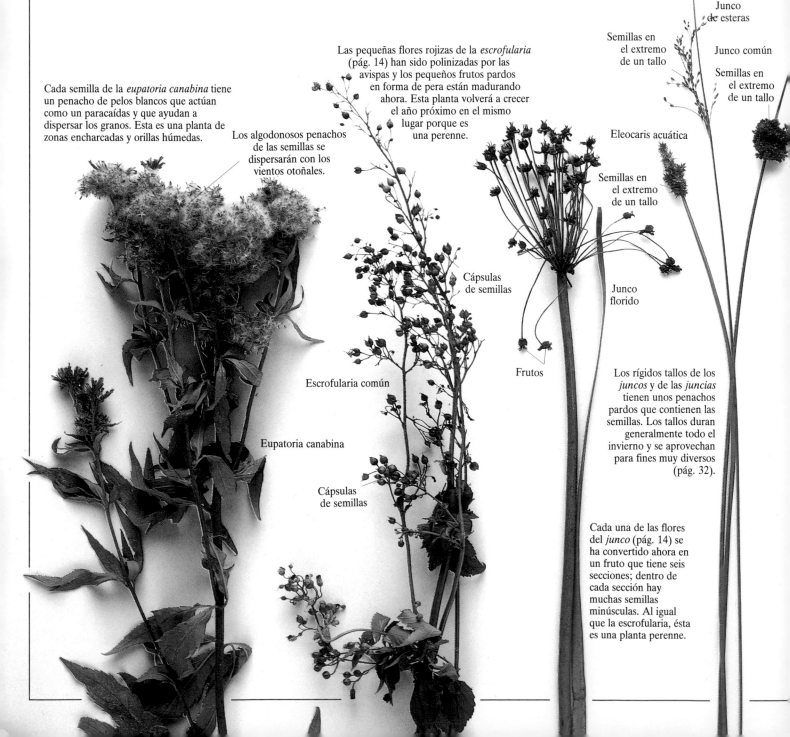

Cada semilla de la *eupatoria canabina* tiene un penacho de pelos blancos que actúan como un paracaídas y que ayudan a dispersar los granos. Esta es una planta de zonas encharcadas y orillas húmedas.

Los algodonosos penachos de las semillas se dispersarán con los vientos otoñales.

Las pequeñas flores rojizas de la *escrofularia* (pág. 14) han sido polinizadas por las avispas y los pequeños frutos pardos en forma de pera están madurando ahora. Esta planta volverá a crecer el año próximo en el mismo lugar porque es una perenne.

Junco de esteras

Semillas en el extremo de un tallo

Junco común

Semillas en el extremo de un tallo

Eleocaris acuática

Semillas en el extremo de un tallo

Cápsulas de semillas

Junco florido

Escrofularia común

Frutos

Eupatoria canabina

Cápsulas de semillas

Los rígidos tallos de los *juncos* y de las *juncias* tienen unos penachos pardos que contienen las semillas. Los tallos duran generalmente todo el invierno y se aprovechan para fines muy diversos (pág. 32).

Cada una de las flores del *junco* (pág. 14) se ha convertido ahora en un fruto que tiene seis secciones; dentro de cada sección hay muchas semillas minúsculas. Al igual que la escrofularia, ésta es una planta perenne.

La gruesa cabeza del fruto de la *espadaña* que contiene
las semillas sobresale por encima de lagunas y pantanos
durante todo el invierno. Cuando llega la primavera,
se abre y deja escapar las semillas,
que el aire arrastra gracias a
su envoltura peluda.

Fruto de la espadaña
lleno de semillas

La temperatura del agua desciende, los
caracoles se mueven más lentamente y
tienden a refugiarse en aguas más
profundas.

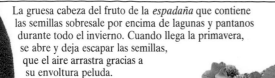

Aliso

Espadaña

Caracoles
acuáticos

Tubos de
tricóptero

Frutos
del aliso

En otoño, los frutos verdes del *aliso*
se vuelven de un pardo oscuro; permanecen en
el árbol todo el invierno. Algunas veces se
confunden con las piñas, pero el aliso no es una
conífera. Le gustan las orillas de lagunas y ríos
y sus semillas caen al agua que se las lleva
flotando hasta nuevas tierras en las que
germinar.

Tritoncillo

Ninfa
de libélula

Algunos tipos de
tricóptero
construyen su
tubo con un
trozo rectangular
de hoja enrollado
en espiral. Estas
larvas saldrán del
agua el año próximo
y el adulto se parecerá
bastante a una polilla
(pág. 50).

Cápsulas
de la semillas

Las *ninfas de libélula*
que todavía quedan en la
laguna pasarán así el invierno
y saldrán del agua el año próximo.

Los *hongos* se alimentan con
los residuos de plantas y
animales muertos y de este
modo reciclan los materiales
nutritivos que aquellos
contenían.

Un joven *tritón común*, que todavía
tiene branquias, pasará el invierno
en este estado y terminará su
transformación en adulto
el próximo año.

Lirio amarillo

Los *hongos brasidiomicetes*
crecen sobre un tronco.

Hojas, ramillas y
otros desechos son
arrastrados hasta la laguna
por el viento o las lluvias.
Se acumulan sobre el fondo fangoso
y prestan cobijo durante el
invierno a las diminutas
criaturas acuáticas.

Las cápsulas del *lirio amarillo*
están repletas de semillas
maduras (comparar con las
cápsulas de la pág. 15). En
cualquier momento, la cápsula
seca se dividirá en tres
pedazos en forma de
barquilla; que se abrirán y
liberarán las semillas
(véase pág. 4).

Hoja de roble

Hoja de sauce

Hoja de abedul

Ramas de sauce

La laguna en invierno

¿A DÓNDE VAN LAS MOSCAS EN INVIERNO? O más interesante todavía, ¿qué hacen en invierno los caracoles acuáticos, las planarias, las larvas, los peces, los anfibios y otros habitantes de la laguna? Emplean diversas estrategias para sobrevivir durante el tiempo de las heladas. Los animales de sangre fría pueden soportar las más frías temperaturas, siempre que no se vean atrapados por el hielo. A medida que el agua se enfría, ellos también lo hacen, sus cuerpos necesitan cada vez menos energía, así que pueden resistir casi sin comer. El agua fría contiene más oxígeno que la caliente; y varias plantas acuáticas pueden realizar la fotosíntesis (pág. 46) aprovechando la luz que les llega a través de la capa de hielo, lo que aumenta la reserva de oxígeno en el agua. Otra estrategia adoptada por los diminutos habitantes de la laguna es poner los huevos en el otoño; los adultos mueren, pero los huevos producen nuevos seres en la primavera siguiente. Ranas y sapos duermen durante todo el invierno, refugiados en tierra en un rincón abrigado.

Hoja de nenúfar

Carrizo común

Las hojas de *nenúfar* y de *sagitaria* todavía perduran, ancladas por su largo tallo a las robustas raíces, pero están resecas, parduscas y retorcidas a causa del viento y las heladas.

Los seres humanos permanecen activos en la superficie, mientras los animales sobreviven debajo de la capa helada.

Los penachos plumosos del *carrizo común* resisten valientemente los vendavales del invierno. También las hojas permanecen adheridas al tallo, aunque el viento y las heladas las han convertido en unas cintas parduscas y quebradizas.

Hoja de sagitaria

Las hojas caídas testimonian el tipo de árboles que crecen junto a la laguna.

El proceso de descomposición es muy lento en el agua helada. Las hojas caídas forman una capa que protege y aísla a los animalillos y brotes de planta que quedan bajo ella.

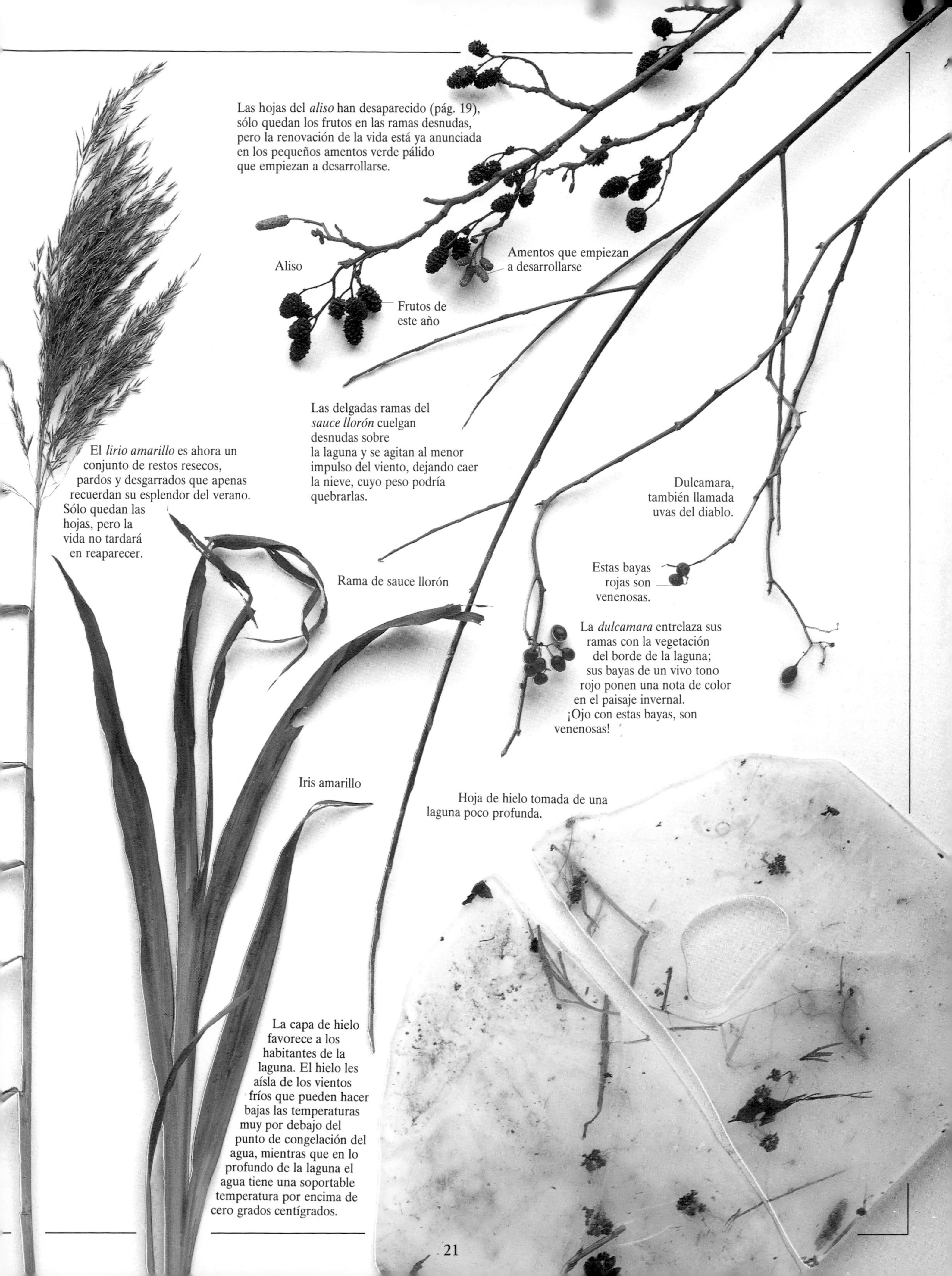

Las hojas del *aliso* han desaparecido (pág. 19),
sólo quedan los frutos en las ramas desnudas,
pero la renovación de la vida está ya anunciada
en los pequeños amentos verde pálido
que empiezan a desarrollarse.

Aliso

Amentos que empiezan
a desarrollarse

Frutos de
este año

Las delgadas ramas del
sauce llorón cuelgan
desnudas sobre
la laguna y se agitan al menor
impulso del viento, dejando caer
la nieve, cuyo peso podría
quebrarlas.

El *lirio amarillo* es ahora un
conjunto de restos resecos,
pardos y desgarrados que apenas
recuerdan su esplendor del verano.
Sólo quedan las
hojas, pero la
vida no tardará
en reaparecer.

Dulcamara,
también llamada
uvas del diablo.

Estas bayas
rojas son
venenosas.

Rama de sauce llorón

La *dulcamara* entrelaza sus
ramas con la vegetación
del borde de la laguna;
sus bayas de un vivo tono
rojo ponen una nota de color
en el paisaje invernal.
¡Ojo con estas bayas, son
venenosas!

Iris amarillo

Hoja de hielo tomada de una
laguna poco profunda.

La capa de hielo
favorece a los
habitantes de la
laguna. El hielo les
aísla de los vientos
fríos que pueden hacer
bajas las temperaturas
muy por debajo del
punto de congelación del
agua, mientras que en lo
profundo de la laguna el
agua tiene una soportable
temperatura por encima de
cero grados centígrados.

21

Las *anguilas* son peces, parecidos a serpientes, que viven en los ríos y estuarios.

Peces de agua dulce

EL ÚNICO CONOCIMIENTO que mucha gente tiene de los peces de laguna y de río es el haber entrevisto una oscura sombra silenciosa que se desliza a toda velocidad bajo el agua o el de un relámpago plateado que sube a la superficie para atrapar una mosca. En las seis páginas siguientes se muestran varios peces de agua dulce en toda una rica variedad de formas y colores. Magníficamente preparados para la vida submarina, los peces nadan gracias a los poderosos músculos que flexionan lateralmente el cuerpo transmitiendo un movimiento a la cola que impulsa al pez hacia adelante. Las aletas se utilizan principalmente para equilibrar, girar y frenar. Se puede observar en estos peces la muy sabia coloración de que les ha dotado la naturaleza. Su dorso es parduzco y de tonos apagados de modo que cuando se les mira desde arriba se les confunde con el agua turbia y el fondo oscuro de la laguna o del río. Los costados y el vientre son plateados y brillantes, así, cuando se les ve desde abajo, se les confunde con los reflejos de luz que se producen en la superficie, lo que les hace más difíciles de localizar por sus depredadores.

El *escardinio* es un pez de aguas tranquilas y muy llenas de vegetación. Se distingue del rutilo (arriba a la derecha) por las aletas; en el primero, el borde delantero de la aleta dorsal está más atrás que la base de la ventral, mientras que en el rutilo están a la misma distancia de la cabeza. En algunas áreas el escardinio se cruza con los rutilos o las bremas (a la derecha abajo). El escardinio puede alcanzar los 2 kg de peso.

La aleta dorsal está a la misma distancia de la cabeza que las aletas ventrales.

Aleta ventral

Línea lateral con la que detecta los movimientos del agua.

El rutilo tiene el iris rojo.

La aleta dorsal está situada más atrás que las ventrales.

El escardinio tiene el iris anaranjado.

Las aletas ventrales son de un vivo color naranja.

Escardinio

Tenca

Rutilo joven

Los peces jóvenes son difíciles de identificar. Este es probablemente un *rutilo* joven, aunque se asemeja muy poco al ejemplar adulto que aparece arriba.

Barbillón en la comisura de la boca para percibir los movimientos de la presa.

Piel cubierta de mucosidad viscosa; en la Edad Media esta mucosidad se empleaba para curar ciertas enfermedades.

Cola de borde casi recto

Escamas muy pequeñas, de un color verde negruzco, cola casi recta, cuerpo macizo y musculoso característico de este habitante de aguas tranquilas que se alimenta de pequeños animalillos del fondo. Una *tenca* de buen tamaño puede pesar 4 kg y luchará hasta el final después de enganchada en el anzuelo.

El *rutilo* es un pez que abunda mucho y que se adapta a las aguas fangosas aunque prefiere las claras. Come lo mismo plantas que animales. Tiene cierta semejanza con el escardinio (abajo a la izquierda) y con el leucisco. Vive unos 10 años y puede alcanzar los 2 kg de peso.

Rutilo

Cuando los *salmones* remontan el río en la época de cría tienen que salvar, a veces, enormes dificultades. Pueden dar saltos de hasta 3 m para subir una cascada, pero presas y embalses han dificultado mucho sus recorridos río arriba. En algunos lugares se han instalado «escaleras para salmones» que los peces pueden remontar con saltos sucesivos.

Las manchas de los costados permiten a la *perca* disimularse entre la vegetación.

Mancha negra sobre la membrana de la aleta dorsal.

Perca

Grabado de un *salmón* adulto que muestra cómo la cola se mueve de un lado a otro con el fin de conseguir el impulso necesario para el salto fuera del agua.

El *salmón* nace en aguas de corriente rápida y fondos pedregosos. Permanece en el río durante los tres primeros años de su vida; durante ese tiempo se le conoce con los nombres de pinto o esguino. Después emigra hacia el mar y toma un aspecto plateado. Al cabo de uno a cuatro años de vida marina alimentándose de peces pequeños y crustáceos, los adultos maduros retornan al río en que nacieron para reproducirse. Los salmones de mayor tamaño alcanzan el metro de longitud y los 25 kg de peso o más.

La *perca* es un animal extraordinariamente vistoso por sus oscuras manchas verticales, sus dos aletas dorsales —la delantera con espinas prominentes— y las anaranjadas aletas inferiores. Este joven ejemplar, de uno o dos años, pesará alrededor de 2 kg cuando alcance su tamaño adulto. La perca come gusanos, crustáceos, insectos, moluscos y peces pequeños.

Las aletas ventrales son anaranjadas.

Línea lateral

Aleta dorsal

La *brema* tiene un cuerpo alto y grandes escamas, vive en las aguas de corriente suave. Come larvas de insecto y algunas plantas acuáticas. Los ejemplares más grandes alcanzan una longitud de 80 cm y pesan hasta 4,5 kg. La línea lateral, que se distingue especialmente en estos peces, está formada por una serie de órganos sensoriales que detectan las vibraciones del agua y que permiten al pez «oír» y «sentir» los movimientos que se producen a su alrededor.

Cola muy hendida

Grupo de bremas

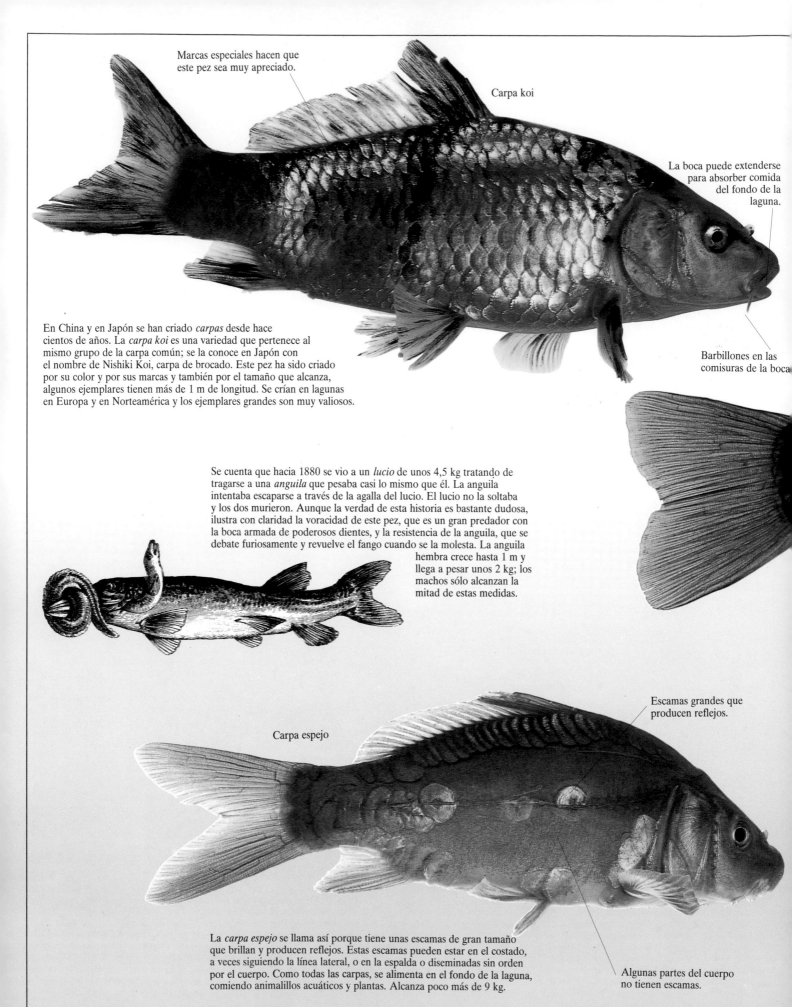

Marcas especiales hacen que
este pez sea muy apreciado.

Carpa koi

La boca puede extenderse
para absorber comida
del fondo de la
laguna.

En China y en Japón se han criado *carpas* desde hace
cientos de años. La *carpa koi* es una variedad que pertenece al
mismo grupo de la carpa común; se la conoce en Japón con
el nombre de Nishiki Koi, carpa de brocado. Este pez ha sido criado
por su color y por sus marcas y también por el tamaño que alcanza,
algunos ejemplares tienen más de 1 m de longitud. Se crían en lagunas
en Europa y en Norteamérica y los ejemplares grandes son muy valiosos.

Barbillones en las
comisuras de la boca

Se cuenta que hacia 1880 se vio a un *lucio* de unos 4,5 kg tratando de
tragarse a una *anguila* que pesaba casi lo mismo que él. La anguila
intentaba escaparse a través de la agalla del lucio. El lucio no la soltaba
y los dos murieron. Aunque la verdad de esta historia es bastante dudosa,
ilustra con claridad la voracidad de este pez, que es un gran predador con
la boca armada de poderosos dientes, y la resistencia de la anguila, que se
debate furiosamente y revuelve el fango cuando se la molesta. La anguila
hembra crece hasta 1 m y
llega a pesar unos 2 kg; los
machos sólo alcanzan la
mitad de estas medidas.

Escamas grandes que
producen reflejos.

Carpa espejo

La *carpa espejo* se llama así porque tiene unas escamas de gran tamaño
que brillan y producen reflejos. Estas escamas pueden estar en el costado,
a veces siguiendo la línea lateral, o en la espalda o diseminadas sin orden
por el cuerpo. Como todas las carpas, se alimenta en el fondo de la laguna,
comiendo animalillos acuáticos y plantas. Alcanza poco más de 9 kg.

Algunas partes del cuerpo
no tienen escamas.

Un reflejo azulado identifica al *ródeo*.

Línea lateral corta.

Ródeo

El *ródeo* puede parecer un carpín en miniatura por la forma, aunque no por el color; es un bonito pez que alcanza los 8 cm de longitud. Vive en lagunas, lagos y ríos de aguas tranquilas, come animalillos y plantas acuáticas. Tiene una forma muy particular de reproducirse: a finales de la primavera las hembras desarrollan un largo tubo a través del cual pasan los huevos que la hembra introduce en la concha de una almeja de río (pág. 52). El macho esparce su esperma sobre el molusco que la absorbe al respirar y los huevos son así fertilizados. Los huevos se abren dentro de la almeja y los pequeños viven en ella hasta que su saco vitelino se ha consumido. La almeja no parece sufrir al albergar tales huéspedes.

El adulto tiene el cuerpo muy alto.

A finales de la primavera, el *espinoso* macho construye un nido con pedacitos de plantas. Bailotea en zig zag por delante del nido para atraer a las hembras y que vengan a poner los huevos dentro de él. Cada vez que una hembra ha desovado, el espinoso entra en el nido y fertiliza los huevos; luego monta guardia hasta que todos los pequeños han nacido.

Las escamas pueden ser doradas o de un verde oliva.

Carpín

El *carpín*, un pariente próximo de la carpa común, es todavía más resistente que ésta y soporta aguas con baja proporción de oxígeno. Vive en lagunas de aguas estancadas con mucha vegetación y en lagos, canales, pantanos y ríos de aguas tranquilas. Un adulto mediano pesa 250 g y mide 30 cm, aunque algunos ejemplares pueden alcanzar los 2 kg. Tiene un cuerpo más alto que la carpa común y no tiene barbillones en la boca.

Carpa china

Esta carpa dorada procede de China y Rusia; ha sido introducida en muchos medios acuáticos para controlar el crecimiento de las plantas. En su medio nativo puede alcanzar los 35 kg de peso, aunque los ejemplares importados sólo suelen llegar a los 4 kg.

Barbillones en la boca

Manchas en el dorso

El *gobio* es carnívoro, remueve el fondo utilizando sus dos barbillones para localizar los gusanos, las larvas de insectos y otros animalillos que son su alimento. Raramente sobrepasa los 15 cm de longitud. Los gobios son frecuentes en la sección media de los ríos y en los lagos y canales.

Aletas traslúcidas y moteadas

Gobio

La trucha

POCOS PECES DE AGUA DULCE pueden compararse con la belleza y la gracia natural de la trucha, con su fuerza y valor para luchar cuando ha mordido el anzuelo y con su sabor cuando se la cocina. Pertenece a la misma familia que el salmón. La trucha de río y la de mar son diferentes formas de la misma especie. La primera vive siempre en agua dulce; la segunda se alimenta en el mar y vuelve en verano al río en que nació para desovar en otoño. La trucha adulta puede alcanzar 1 m de longitud y hasta algo más, pero hay truchas de tamaños muy diferentes y que también difieren en colorido y es difícil distinguirlas; por ejemplo, la trucha marítima se oscurece cuando entra en el río y apenas se la distingue de la trucha de agua dulce. Y, en cualquier caso, el aspecto de estos peces cambia mucho según sea el tipo de agua, el fondo del lago o del río y lo que comen. La trucha arco iris es una especie completamente distinta.

La *trucha* necesita corrientes de agua clara y fría, rica en oxígeno, y fondo pedregoso para realizar la puesta. También se encuentran truchas en los lagos limpios; viven en aguas poco profundas donde encuentran comida.

Línea lateral

La enorme movilidad de la aleta pectoral permite al pez nadar velozmente hacia arriba y hacia abajo.

La *trucha de río*, como todas las otras truchas, es carnívora. Sus presas son moscas, larvas acuáticas de insecto, pulgas de agua, quisquillas de agua dulce y moluscos. La gran trucha feroz que vive en los lagos grandes se alimenta con otros peces, como umbras y corégonos.

Trucha común.

La *trucha arco iris* es originaria del oeste de Estados Unidos, especialmente de California. Existen las variedades de río, lago y mar. Hacia 1910 fue introducida en Europa, donde vive en ríos, pantanos y lagos. Se reproduce con dificultad en estado salvaje y la cría se hace preferentemente en piscifactorías. La trucha arco iris puede vivir en aguas menos oxigenadas que la trucha de río, así que se la cría en lagos y lagunas grandes en los que la otra no podría sobrevivir.

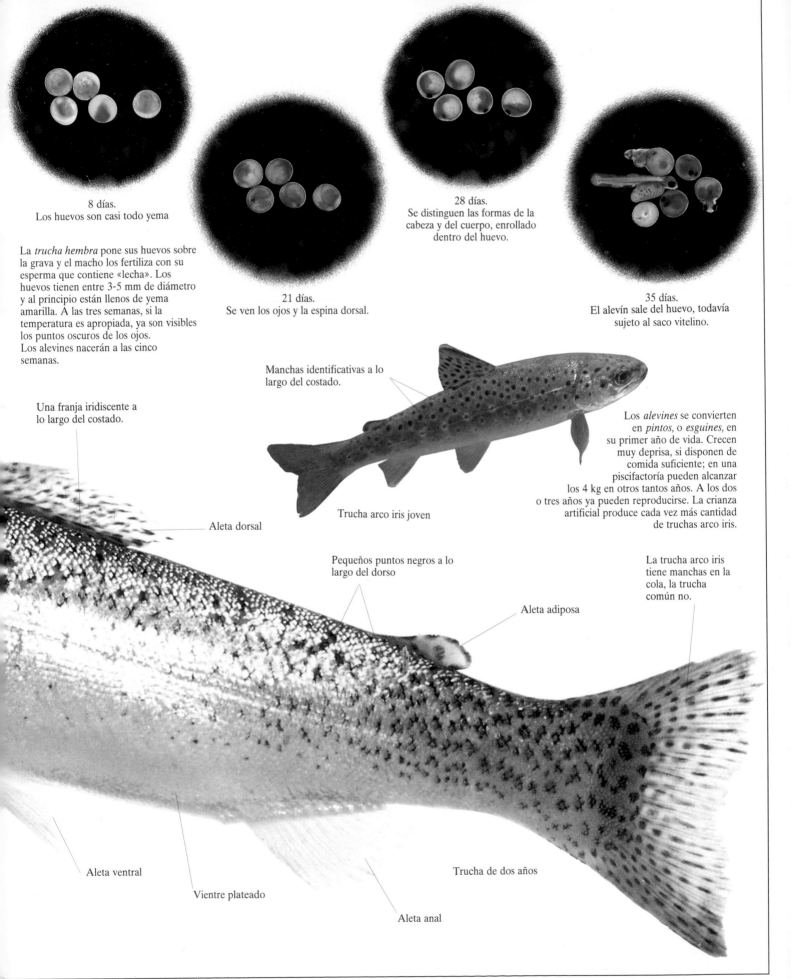

8 días.
Los huevos son casi todo yema

La *trucha hembra* pone sus huevos sobre la grava y el macho los fertiliza con su esperma que contiene «lecha». Los huevos tienen entre 3-5 mm de diámetro y al principio están llenos de yema amarilla. A las tres semanas, si la temperatura es apropiada, ya son visibles los puntos oscuros de los ojos. Los alevines nacerán a las cinco semanas.

21 días.
Se ven los ojos y la espina dorsal.

28 días.
Se distinguen las formas de la cabeza y del cuerpo, enrollado dentro del huevo.

35 días.
El alevín sale del huevo, todavía sujeto al saco vitelino.

Manchas identificativas a lo largo del costado.

Una franja iridiscente a lo largo del costado.

Los *alevines* se convierten en *pintos*, o *esguines*, en su primer año de vida. Crecen muy deprisa, si disponen de comida suficiente; en una piscifactoría pueden alcanzar los 4 kg en otros tantos años. A los dos o tres años ya pueden reproducirse. La crianza artificial produce cada vez más cantidad de truchas arco iris.

Aleta dorsal

Trucha arco iris joven

Pequeños puntos negros a lo largo del dorso

La trucha arco iris tiene manchas en la cola, la trucha común no.

Aleta adiposa

Aleta ventral

Vientre plateado

Trucha de dos años

Aleta anal

Aves acuáticas

EL AGUA Y LA VIDA que se desarrolla a su alrededor atraen a muchas aves. En el mundo hay más de 150 especies de aves que viven en lagunas, lagos, ríos y orillas del mar. Estos animales tienen por lo general cuerpos macizos, las patas palmeadas para nadar y cuellos largos y móviles para picotear en el agua y remover el fondo fangoso en busca de comida.

En primavera, la densa vegetación de la orilla proporciona a muchas especies lugares apropiados para nidificar. En verano, se puede ver a los orgullosos padres nadar en el agua seguidos de su prole. Las plantas y los animales acuáticos brindan alimentación durante casi todo el año. En invierno, cuando las lagunas se hielan, muchas aves acuáticas se refugian en parques y jardines donde pueden conseguir comida aprovechando desperdicios y recibiendo alimentos de personas de buena voluntad. Algunas aves vuelan hacia el sur en busca de climas más cálidos para pasar el invierno.

Nido y huevos de *pato edredón común*

Las suaves plumas del pato edredón cobijan los huevos.

Nido y huevos de cerceta

Plumas extraordinariamente suaves crecen en el pecho de la *hembra edredón.* Ella se las arranca para abrigar los huevos en el nido que construye en la orilla del mar, de un río o de un lago.

La *cerceta carretona* hace su nido en la maleza. La hembra tiene mucho cuidado de no atraer la atención de posibles predadores cada vez que se acerca al nido.

En el nido, próximo al agua, la hembra de *porrón moñudo* pone de seis a catorce huevos. El pollito nace a los 25 días de incubación, y puede nadar inmediatamente después.

Cerceta carretona,
uno de los patos
más pequeños.

Cuando termina la época de
cría, el *ánade rabudo* pierde
su plumaje nupcial y se asemeja
más al pardo colorido de la
hembra.

Ala de ánade
rabudo

El ave recubre el
interior del nido
con plumón antes
de utilizarlo.

En la época del
apareamiento, la mayor
parte de los patos
machos, como el *ánade
rabudo* (a la derecha),
lucen un plumaje coloreado
para llamar la atención de la
hembra que tiene un plumaje
más discreto para mejor
disimularse sobre el nido.

El *porrón moñudo* come almejas de
agua dulce, pequeños peces, ranas e
insectos.

Porrón moñudo

Las aves acuáticas vuelan
bien; algunas recorren
largas distancias durante
sus migraciones anuales.

Cráneo de
porrón moñudo

La *cairina moschata* es un pato
originario de Centroamérica y
Suramérica, donde vive en lagunas y
pantanos; tiene un pico ancho con el
que atrapa lo mismo plantas que
animales.

Pato cairina
moschata

Cráneo de
cairina moschata

El pico del *cisne común* suele estar recubierto por una
película de color naranja. El macho puede ser muy
agresivo, especialmente en época de cría, y utiliza este
pico como arma para defender su territorio.

Cisne común

Barba

El pico ancho es
especialmente apropiado
para atrapar plantas
acuáticas.

Cañón
de la pluma

Cisne común

Plumas de vuelo

Las aves acuáticas cuidan mucho
su plumaje, que aísla su cuerpo
del agua; pasan mucho tiempo
limpiándolo.

Pájaros pescadores

Martín pescador

Ala de martín pescador

CUALQUIER EXTENSIÓN DE AGUA actúa como un imán para muchos tipos de pájaros, desde gorriones hasta faisanes, que acuden a beber. Otros vienen a pescar, desde la alta y elegante garza, que se mantiene inmóvil mientras acecha su presa, hasta el relámpago azul que apenas se entrevé y que significa que el martín pescador se ha lanzado para atrapar su cena. Las plantas de la orilla, las hierbas acuáticas, flotantes o sumergidas, las ranas, los peces, las larvas de insecto y los moluscos proporcionan comida a muchos pájaros. Algunas especies, como el carricero común o el escribano palustre encuentran refugio y seguridad entre la densa vegetación de la orilla y allí es donde construyen sus nidos y crían sus polladas porque están a salvo de predadores como zorros y halcones.

El *martín pescador* acecha desde su rama sobre el agua el paso de su presa: un pececillo, una rana o un renacuajo; en cuanto la divisa se lanza como una flecha, entra en el agua como un experto buceador y atrapa con su potente pico a su víctima. Asciende luego de nuevo con su presa hasta la rama y allí se la come entera empezando siempre por la cabeza.

Los huevos blancos tienen una superficie satinada.

Huevos de martín pescador

Los *huevos de martín pescador* son blancos porque no necesitan ningún tipo de camuflaje. Estos pájaros crían dentro de un túnel que excavan en la ribera del agua y que suele tener 1 m de profundidad.

Los vivos colores de las alas y de la cola del *martín pescador* actúan como una advertencia a los predadores de que su carne tiene mal sabor.

Las marcas de las alas y de la cola varían de una especie a otra.

Cola de martín pescador

Las cortas alas baten rapidísimamente durante el vuelo.

Cráneo de martín pescador

Pico muy afilado para ensartar a los peces

Pico largo y afilado para ensartar peces.

Cráneo de garza

Garza

Las *garzas* viven cerca de los ríos, los pantanos y las lagunas; pescan peces y ranas en las aguas someras.

El terrible pico de la *garza* es un excelente arpón para ensartar peces. El ave acecha pacientemente hasta que la presa se acerca, entonces lanza hacia adelante su largo pico, ensarta a la víctima, la mata, la lanza al aire y se la traga entera empezando por la cabeza.

Cráneo de avetoro

El *avetoro* se mantiene inmóvil con el pico hacia arriba entre los carrizos y hasta se mece con ellos si el viento los mueve, para pasar inadvertido. Construye un nido plano bien escondido entre los carrizos. Los cinco o seis huevos de la puesta tardan cuatro semanas en eclosionar.

El *avetoro* es un solitario. Se alimenta durante el día utilizando su puntiagudo pico para atrapar ranas, peces pequeños e insectos.

Nido de
carricero común.

Carricero común

El nido está hecho con las
cabezas florales del
carrizo y algún otro tipo
de vegetación.

El nido se teje
alrededor de los tallos
del carrizo.

Los huevos de
agachadiza, pequeña
zancuda, tienen un
colorido que les sirve
para disimularse entre
la vegetación del nido.

Los huevos de
zampullín son blancos
cuando están recién
puestos, luego se tiñen
con las plantas y el
barro.

El *rascón acuático* es
un ave tímida que vive
oculta en la vegetación
de la orilla. En un nido
puede haber hasta
15 huevos.

La *garza* pone un
huevo azul en un nido
hecho de palitos y muy
bien defendido.

El nido del *escribano palustre*
lo construye la hembra,
aunque luego el padre la
ayuda a criar a los pollos con
larvas e insectos.

Escribano palustre

El nido está hecho
con hierbas y musgos.

Nido de escribano
palustre.

El nido del *carricero
común* está colgado de
varios tallos,
generalmente de carrizo.
El nido es muy profundo,
para que ni los huevos ni
los pollos puedan caerse
de él cuando el viento
zarandea los carrizos.

Juncos y carrizos

LOS NOMBRES «JUNCO» Y «CARRIZO» se utilizan habitualmente para designar un grupo de plantas de flor que, en términos estrictamente botánicos, también comprendería a las juncias. Un junco es una planta herbácea, con tallo redondo y sólido y hojas estrechas y rígidas. Un carrizo es una planta herbácea, generalmente alta, con flores en forma de espiga plumosa y las hojas estrechas y afiladas típicas de las herbáceas. Una juncia es una planta herbácea, pero no propiamente una hierba; su tallo suele ser macizo y de sección triangular, a diferencia de los tallos redondos y huecos de las hierbas. A pesar de sus diferencias, todas estas plantas tienen algo en común: les gusta el terreno húmedo de las orillas de lagunas, ríos y pantanos.

Las oscuras espigas florales de la *juncia menor,* contienen pequeños frutos llamados utrículos.

Frutos desarrollándose

Junco de esteras

Ramillete de flores diminutas

Los *juncos* están emparentados con los lirios, pero sus flores no pueden ser más diferentes.

Juncia menor de laguna

El *junco florido,* a pesar de su nombre y de su aspecto, no es un verdadero junco. Probablemente se le llama así por su tallo largo y la forma de sus hojas y porque vive en los mismos lugares que los juncos verdaderos.

Junco florido

Tallo y hojas del carrizo común.

El tallo dura todo el invierno; es una caña dura.

Las flores rosadas nacen en tallos sin hojas.

El *carrizo común* crece, casi demasiado bien, en prácticamente cualquier lugar húmedo, desde las salobres extensiones cercanas a la costa hasta las encharcadas orillas de lagunas y ríos. Alcanza hasta los 3 m de altura; su proliferación es un problema en algunas vías fluviales como ríos y canales (pág. 34).

Hojas parecidas a las de los juncos.

Las flores masculinas sueltan nubes de polen.

Las flores femeninas son fertilizadas por el polen que arrastra el viento desde las flores masculinas y las semillas son liberadas cuando la cabeza floral se abre.

Espadaña grande

Eleocaris acuática.

En el extremo del cortante tallo de la *eleocaris acuática* se abre la plumosa cabeza floral que contiene las flores masculina y femenina.

La cabeza floral de la *espadaña grande* tiene dos partes. Arriba hay cientos de órganos masculinos que contienen el polen, debajo hay miles de diminutas flores femeninas apretadamente colocadas en forma de cigarro parduzco. La *espadaña* se conoce también con el nombre de *anea*.

De 2 a 4 cabezas florales femeninas.

Flores masculina y femenina muy cercanas.

El tallo es de sección triangular con bordes cortantes si se frotan hacia abajo.

Entre 10 y 20 cabezas florales masculinas.

Platanaria

Cada tallo de la *platanaria* tiene flores masculinas y femeninas. Las pequeñas y en forma de bolita en la parte superior son las masculinas; las femeninas son más grandes y tienen una especie de espinas.

Platanaria

Tallo floral

Bráctea en la base de cada tallo floral.

La ribera de la laguna

En LA RIBERA DE LA LAGUNA crece una densa vegetación que vive en parte sumergida. La espadaña y el carrizo común extienden por la orilla de la laguna sus gruesos tallos subterráneos, los rizomas. Estos rizomas crecen horizontalmente y producen brotes que se alzan en vertical. Invaden las aguas someras y desplazan a los nenúfares y a la corregüela hembra. Los fuertes brotes del carrizo frenan cualquier movimiento del agua y retienen los desperdicios flotantes. Al final del otoño, las hojas caídas, los tallos y los frutos se acumulan y engrosan la maraña de desechos. En unos pocos años, lo que antes era agua libre puede convertirse en zona pantanosa de espesa vegetación. Un tiempo después, la ribera puede haber avanzado invadiendo las aguas someras, y plantas de tierra firme, como la mimbrera y el sauce cabruno, ganarán terreno. Este paso de agua libre a terreno más firme por etapas sucesivas es una muestra de la «sucesión ecológica».

Apio acuático
(apium nodiflorum)

Plantas típicas de las riberas de la laguna y del río: *sauces* y *juncias* en la parte alta, *carrizos* en la zona media y *corregüelas hembra* y *nenúfares de tallo largo* dentro del agua. A medida que los carrizos invaden el agua, ésta se va espesando hasta convertirse en suelo muy nutritivo y las plantas avanzan hacia el centro de la laguna.

En algunas, los carrizos son recogidos para utilizarlos, y los animales, las tormentas, las corrientes de agua y las enfermedades de las plantas mantienen el equilibrio natural.

Los *carrizos* se han utilizado, y se utilizan todavía, en muchas regiones para techar cabañas, chozas y casas, desde Egipto y Sudán, hasta Indonesia y el sur de los Estados Unidos. En el grabado se muestra una típica casa inglesa de campo cuyo tejado de carrizo es una excelente protección contra la lluvia y el frío.
Un tejado de carrizo colocado por un buen experto y con un buen material puede conservar su impermeabilidad durante más de 40 años.

El *apio acuático* se suele encontrar en grandes cantidades detrás de la zona de los carrizos, sus tallos rastreros se entremezclan con la maraña vegetal de lugar.

El fango espeso y negruzco del fondo del carrizal es muy rico en nutrientes gracias a los restos de plantas y animales que contiene. Estos nutrientes son utilizados inmediatamente por juncos, carrizos y otras plantas.

Fango del carrizal

Terreno firme

Zona pantanosa

Agua somera

Agua libre

Rizoma subterráneo

Tallos horizontales

Cálamo aromático   Tallos largos y derechos

El momento bueno para cortar los *carrizos* suele ser a finales del invierno o principios de primavera. Los tallos de la temporada anterior se cortan junto a la base, antes de que broten los tallos nuevos, asegurando así la cosecha de la temporada siguiente.

Las largas y carnosas hojas del *cálamo aromático* brotan de un tallo horizontal muy grueso del que salen multitud de raicillas que colaboran en el proceso de fijar el pegajoso fango de la orilla.

La Biblia cuenta que Moisés fue colocado por su madre en una cuna de mimbre y lo dejó entre las plantas de la orilla del Nilo. En este grabado estas plantas de la orilla parecen carrizos, aunque probablemente a la orilla del Nilo lo que habría serían papiros, planta de ribera emparentada con las juncias.

La cabeza floral puede estar unos 2,5 m por encima de las raíces.

Las hojas, de un verde oscuro, tienen el reverso de un color pálido.

Mimbrera o salguera blanca

Las finas hojas se secan muy pronto después de cortadas.

Extremo superior del tallo de *carrizo común.*

Las *mimbreras* o *salgueras blancas* están en la parte alta de la orilla, la menos húmeda. Suelen presentar la forma de un arbusto y tienen ramas finas, largas, derechas y flexibles, los mimbres, que se utilizan para tejer cestos y sillas.

Los largos y derechos tallos del *carrizo común* son un material espléndido para techar. Se utilizan también para hacer papel y otros productos derivados de la pulpa vegetal. El crecimiento de las plantas de ribera es relativamente rápido, ya que disponen de nutrientes en abundancia y sus tallos y hojas, que son finos y largos, dejan pasar la luz del sol hasta los niveles más bajos.

Base del tallo de carrizo común.

Mamíferos de ribera

LAS RIBERAS DE LOS RÍOS, arroyos, lagunas y lagos proporcionan cobijo y comida a un gran número de mamíferos. Todos los mamíferos de ribera que aparecen en esta página tienen una piel adaptada al medio acuático. La piel del visón, por ejemplo, tiene dos niveles. Uno está formado por pelos largos y gruesos que le proporcionan protección física y camuflaje. Por cada uno de estos pelos largos hay más de veinte más cortos que crecen entre aquéllos y que conservan una cámara de aire y mantienen el cuerpo seco y caliente. Los animales dedican mucho tiempo a la limpieza y al peinado de su piel para mantenerla en las mejores condiciones. Otra característica de la adaptación al medio acuático es la membrana entre los dedos, que les permite nadar mejor.

La *musaraña acuática* mide unos 9 cm y tiene la piel oscura. Este activo devorador de insectos vive a menudo en la ribera donde tiene unos estrechos túneles que escurren el agua de su piel cuando el animal se desliza a través de ellos. Come pececillos, insectos acuáticos y hasta ranas, también caza en tierra firme gusanos y otros animales pequeños.

Visón

Los *visones* son cazadores menos especializados que las nutrias y, además de peces, comen pájaros, insectos acuáticos y animales terrestres, como conejos. Las anchas patas traseras palmeadas le ayudan a nadar con rapidez.

Cráneo de visón americano

Colmillos

Molares

Los cuatro largos colmillos que tiene el *visón* en la parte delantera de la boca le sirven para atrapar a su presa y desgarrar la carne. Los molares que están detrás tienen bordes cortantes para mejor moler la comida.

Un *ornitorrinco* recién nacido tiene dientes, pero los pierde pronto. Los adultos muelen su comida, que se compone de mariscos, insectos acuáticos y gusanos, utilizando unas placas córneas que poseen en las mandíbulas.

Cráneo de ornitorrinco

Ornitorrinco

Pico alargado para moler la comida.

El *ornitorrinco* australiano tiene pico de pato y piel de mamífero. El pico está recubierto de una piel dura y muy sensible con la que el animal detecta la comida, por el tacto, mientras rebusca entre el fango del fondo de arroyos y lagunas. Cierra los ojos y los oídos mientras bucea. El ornitorrinco es un monotrema, es decir, un mamífero que pone huevos.

Una familia de *castores* vive en el interior de un montículo de ramas y barro semi sumergido. Los castores construyen con ramas, troncos, piedras y barro una presa que eleva el nivel del agua en el lugar que ellos han elegido y que aísla así su vivienda para una mejor defensa. En el invierno, nadan bajo el hielo para ir a buscar comida a una despensa «refrigerada» que construyen con ramas y pedazos de madera.

Vivienda

Paredes de ramas y barro

Cámara por encima del agua

Despensa

Nivel del agua elevado

Presa

Entrada bajo el agua

Largos colmillos para
atrapar peces.

Cráneo de nutria

Las aberturas de la nariz, las orejas
y los ojos de la *nutria* están
colocados en lo alto de la
cabeza, para que pueda,
mientras nada casi
sumergida por completo,
respirar, ver y oír.

La caza de la *nutria* era considerada un deporte hace unos años, y
todavía lo es en algunos sitios, aunque en muchos países este
animal está protegido por las leyes. De todas formas es una especie
en peligro a causa de la destrucción de sus hábitats y de la
contaminación de las aguas.

Molares para moler
la comida.

Las *nutrias* pasan
mucho tiempo jugando,
bien solas, bien con un
compañero. Estos «juegos» les ayudan
a mejorar sus técnicas de caza.

Los *castores* son
formidables roedores,
tienen unos largos y agudos
dientes incisivos, típicos de
los roedores, con los que
pueden cortar el tronco de
un árbol sin dificultad.

Los *castores* abaten árboles para
comer y también para construir sus
viviendas en los largos que ellos
mismos crean (abajo a la
izquierda). Comen
hierbas acuáticas,
hojas y otras
materias vegetales.

Cráneo
de castor

Dientes incisivos
para roer.

Castor

La cola del *castor* es ancha y plana, le sirve de remo y de
timón y, además, la utiliza para golpear la superficie del agua
y avisar a los suyos en caso de peligro.

Cola de castor

Ranas, sapos y tritones

LOS ANFIBIOS SON ANIMALES que nunca pueden alejarse del agua por completo. Como su nombre indica (*amphi*, ambos, y *bios*, vida), llevan una doble vida: en el agua cuando son jóvenes y fuera de ella cuando son adultos. Muchos anfibios adultos tienen que mantenerse en lugares muy húmedos para no secarse. Esto ocurre porque algunas especies «respiran» oxígeno a través de su piel, además de respirar a través de sus pulmones, y solamente la piel húmeda puede absorber oxígeno. Los anfibios recién salidos del huevo absorben oxígeno del agua a través de su piel y, además, tienen branquias para respirar. Algunos anfibios, como la rana y el sapo común, eligen las aguas quietas para criar. Otros, como la enorme salamandra hellbeder de Norteamérica, frecuentan las aguas rápidas. Seguramente lo hacen porque hay más oxígeno en las aguas rápidas que en las aguas quietas y estos anfibios gigantes lo necesitan en grandes cantidades. Los anfibios se dividen en dos grupos, que se distinguen por las colas: los tritones y salamandras la tienen, mientras que sapos y ranas carecen de ella, excepto en su etapa de renacuajos.

Salamandra tigre

La *rana común* pone sus huevos en grupos que flotan por debajo de la superficie. Las puestas de varias ranas pueden unirse en una masa grande.

La puesta del *sapo común* es como un collar de gelatina con puntos negros de unos 2 m de longitud y enrollada a los tallos de las plantas.

Las *ranas comunes* pueden ser de colores diferentes, pero en general tienen manchas de color verde oliva y pardo.

La brillante coloración amarilla y marrón de la *salamandra tigre* parece ser una señal que advierte a los posibles predadores que su piel tiene glándulas que producen secreciones de un sabor desagradable.

Puesta de la rana común

Renacuajo desarrollándose

Renacuajo desarrollándose

Coloración de advertencia

Puesta del sapo común

Patas delanteras no palmeadas

Rana arborícola cubana

Sapo común

Las puntas de los dedos tienen ventosas adhesivas.

Rana común de 1 año

Rana de franjas doradas

Tímpano

El oído de una *rana*, el tímpano, es una membrana redonda situada detrás del ojo. Las ranas tienen buen oído que utilizan para comunicarse croando o silbando, especialmente en tiempo de apareamiento.

La *rana arborícola cubana* tiene ventosas que le ayudan a sujetarse al tronco y las ramas de los árboles donde pasa su vida, excepto en el momento de la puesta en que desciende a una laguna.

La brillante piel verde de la *ranita arborícola enana australiana* le ayuda a disimularse entre las hojas de su selva natal.

Ranita arborícola enana

El rechoncho y torpe *sapo común* prefiere caminar lentamente cuando se desplaza, aunque puede dar pequeños saltos en caso de peligro. Las patas traseras están palmeadas, las delanteras no.

Piel verrugosa y moteada para camuflarse

Patas posteriores palmeadas

Sapo verde

El *sapo verde* es más pequeño y más delgado que el sapo común y puede correr con sorprendente rapidez. Se le confunde, a veces, con el sapo de los cañaverales.

Para la puesta, la hembra del *sapo de los cañaverales*, elige las aguas poco profundas de un charco. En verano, grupos de sapitos se preparan para abandonar el agua.

Sapitos

Puesta de la hembra del sapo de los cañaverales.

Renacuajo desarrollándose

La puesta de la hembra del *sapo de los cañaverales* es un largo collar de gelatina que se enreda en los tallos o en los guijarros del fondo.

Todos los *sapos* y *ranas* adultos son carnívoros. Las ranas grandes tienen enormes bocas con las que pueden tragar piezas de gran tamaño. Se sabe de *ranas toro* americanas que se han tragado un murciélago.

Rana toro americana

El *tritón palmeado* pasa parte del año en tierra, hibernando o cazando por la noche gusanos y otros animales pequeños. En primavera va a la laguna para aparearse y poner sus huevos.

Tritón palmeado

Tritón mandarín

Tritoncito desarrollándose

Huevos de tritón

Coloración de advertencia

Al igual que la salamandra tigre de la otra página, la brillante coloración del *tritón mandarín* sirve de aviso sobre su mal sabor. Vive en Asia, en aguas salitrosas.

La mayor parte de las diferentes especies de *tritones* pone sus huevos uno a uno, pegados a los tallos y hojas de plantas acuáticas. Algunas especies envuelven cada huevo en una hoja para protegerlo.

Esopo describió en sus fábulas el descontento de las liebres por ser presa de tantos animales, pero también su reconocimiento de que las ranas llevaban todavía peor vida.

Esta *rana arborícola* construye un nido de espuma para conservar sus huevos húmedos. Cuando los renacuajos crecen, se dejan caer en la laguna que está debajo.

A principios de primavera comienza una gran actividad en la laguna: los *anfibios* se aparean. El macho de la *rana común* lucha con sus rivales para conseguir una hembra y se encarama sobre su espalda. Puede permanecer sobre ella durante muchos días, sujetándose sobre la resbaladiza piel de su compañera con sus ásperas patas que la abrazan fuertemente. Cuando ella pone los huevos, él los fertiliza con su esperma. Después de la puesta, la pareja se separa.

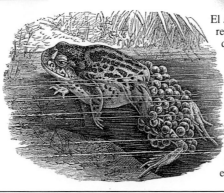

El *sapo partero* recoge los huevos que ha puesto la hembra, los coloca sobre sus patas y los lleva consigo hasta que nacen los pequeños, a los que va depositando en la laguna tan pronto como salen del huevo.

Este grabado del siglo XVIII muestra cómo transporta los huevos el *sapo partero*.

Cazadores acuáticos

HACE MÁS DE 300 MILLONES DE AÑOS, los reptiles aparecieron en la Tierra. Probablemente evolucionaron a partir de los anfibios (págs. 38-39). Su gran ventaja fue que habían conseguido independizarse del agua. Los anfibios necesitaban el medio acuático para depositar sus huevos gelatinosos; los huevos de los reptiles tenían una envoltura resistente y podían ser depositados en tierra. Muy pronto, llegaron a dominar la vida sobre la Tierra, en forma de dinosaurios. Desde esa época, sin embargo, algunos grupos de reptiles han retrocedido y vuelto a vivir en el agua. Muchas serpientes entran en el agua sin dificultad, nadan bien y cazan peces, ranas, insectos acuáticos y animales terrestres que se acercan al agua para beber. Algunos reptiles, como los cocodrilos y las tortugas, nunca han dejado del todo el medio acuático, aunque van a poner sus huevos en la tierra seca de la orilla.

La *boa acuática* o *anaconda* del norte de Suramérica es una de las serpientes más largas y, desde luego, la más pesada. Se han encontrado serpientes de 9 m de longitud y 200 kg de peso. Puede comerse piezas tan grandes como un cerdo, por ejemplo.

Serpiente de mocasín

Este antiguo grabado muestra a una *serpiente de mocasín*, es venenosa y vive en los terrenos pantanosos del sureste de Estados Unidos. Cuando se siente amenazada abre del todo la boca y muestra el interior que es blanco, por lo que también se la conoce con el nombre de «boca de algodón».

Culebra acuática viperina

Las marcas que esta víbora luce en el dorso se parecen a las de la víbora común.

Las serpientes nadan ondulando el cuerpo.

¿Tortuga o galápago?

No hay mucha diferencia biológica entre una tortuga y un galápago. Muchos expertos se refieren a todo este grupo de animales (los quelonios) llamándoles tortugas. Otros aplican el nombre de tortugas sólo a las formas que viven en tierra, mientras que a las que viven en agua dulce las llaman galápagos y a las que viven en el mar, tortugas marinas. Las tortugas son generalmente vegetarianas, mientras que los galápagos y las tortugas marinas son principalmente carnívoros. Algunas tortugas acuáticas tienen las patas palmeadas o con forma de aletas y la parte inferior del caparazón recubierta con una piel coriácea a través de la cual pueden absorber oxígeno del agua. Todas tienden a ser omnívoras y comen animales acuáticos, frutos de los árboles de las orillas y carroñas, si pueden conseguirlas.

La *culebra acuática viperina* está perfectamente adaptada al medio acuático y nada con rapidez por la superficie. Ataca prácticamente a todas las piezas que le convengan por su tamaño, desde peces y ranas hasta pequeños mamíferos. Los adultos pueden medir hasta 80 cm o más. A pesar de su nombre y de los dibujos de su cuerpo que la asemejan a la víbora común, no es venenosa; puede ser también de color amarillento y tener un dibujo en zig-zag gris oscuro sobre el dorso.

Tortuga de pechera amarilla (Pseudemys scripta)

Características líneas amarillas y pardas.

La *tortuga de pechera amarilla* camina por la orilla o nada en el agua moviendo alternativamente dos extremidades: la pata delantera de un lado y la pata trasera del otro.

La pata delantera izquierda va hacia adelante cuando la pata delantera derecha va hacia atrás.

Placas lisas en el caparazón.

El caparazón carece de placas óseas.

Placas óseas en forma de cresta.

Fuerte pico córneo en la boca.

Tortuga de caparazón blando.

Patas palmeadas para nadar.

Las *tortugas de caparazón blando* no tienen las duras placas óseas que tienen otras tortugas. Este ejemplar joven muestra su tamaño real y crecerá hasta alcanzar los 30 cm de longitud.

Este ejemplar de *chelydridae* alcanzará unos 50 cm de longitud cuando llegue a adulto. Tiene unas mandíbulas muy fuertes que le permiten romper los caparazones de otras tortugas, que forman parte de su alimentación.

Tortuga chelydridae

Dragón de agua oriental

Los *dragones de agua orientales* habitan en las corrientes de agua del este de Australia. Este lagarto es un estupendo nadador, gracias a sus largas patas y a su cola plana en sentido vertical. Su cuerpo tiene una longitud de casi 1 m y la cola es el doble de larga. Come todo tipo de alimentos que pueda encontrar en el agua y en tierra, desde gusanos y ranas, hasta moluscos, pequeños mamíferos y frutos.

Las *serpientes acuáticas* comen todo tipo de animales de agua dulce, incluida esa pobre rana.

Flores flotantes

En LA ANTIGÜEDAD, las gentes se maravillaban al ver que cuando el lecho de una laguna o de un arroyo que estaba seco se llenaba con el agua de lluvias recientes, en seguida aparecían las espléndidas flores de los nenúfares. Estas flores fueron por ello tenidas como símbolo de la inmortalidad. Los antiguos egipcios incluso veneraron un tipo de nenúfar, el loto sagrado, cuyas flores son azules. Las flores de nenúfar resultan todavía más misteriosas a causa de su comportamiento diario: permanecen cerradas durante la mañana, se abren en todo su esplendor hacia el mediodía y a finales de la tarde se cierran de nuevo y se hunden ligeramente en el agua. En días nublados no se llegan a abrir del todo. Al abrirse solamente en las horas más cálidas del día están colaborando con los insectos que vienen a polinizarlas, que son más activos en esos momentos. Cuando hace mal tiempo, viento o lluvia, las flores permanecen cerradas para protegerse. Flores y hojas tienen unos robustos tallos, que alcanzan los 3 m de longitud en algunas especies, y que están anclados en el fondo fangoso de las lagunas, los lagos y los ríos de poca corriente.

Capullo

El *jacinto de agua* es una planta que flota libremente y que se reproduce con tan enorme facilidad que llega a ser un problema para la navegación en algunos ríos y canales.

Las hojas pueden tener forma oval, redonda o acorazonada.

Híbrido rojo «Escarboucle»

Las hojas del nenúfar amarillo están matizadas de rojo.

Flor del nenúfar blanco

Las satinadas hojas repelen las gotitas de agua.

Híbrido rosa

Estambres amarillos visibles

Los *nenúfares* pertenecen a la familia de las ninfeas
y existen más de 60 especies distribuidas por todo
el mundo; en algunos lugares se las llama lotos.
Sus hermosas flores y sus extraordinarias hojas
circulares las convierten en plantas muy apropiadas
para lagunas y lagos ornamentales. Los expertos
han conseguido híbridos de muy diferentes colores.

Híbrido amarillo
«Chromatella»

Pétalos cerúleos

Híbrido rosa

Algunas de las hojas más grandes del mundo
pertenecen al *nenúfar amazónico*. Una hoja
puede tener más de 1,5 m de diámetro, el borde
exterior está vuelto hacia arriba y una fuerte
nervadura la sujeta desde la parte inferior.

La oruga de esta polilla china de la familia de
las *pyraustides* recorta un trozo de hoja y lo
cose por la parte de abajo con hilo de seda para
hacerse una
envoltura
protectora.

Hoja de
nenúfar

Muchos animales acuáticos utilizan en su provecho las hojas de *nenúfar*.
Los caracoles acuáticos se alimentan con ellas y ponen bajo ellas sus
huevos en largos collares gelatinosos (pág. 8). Las ranas se sientan sobre
ellas o se ocultan bajo ellas cuando están al acecho para cazar insectos.
En algunos lugares, las hojas crecen tan apretadamente que algunos
animales pueden caminar sobre ellas. La *jacana* africana, gracias a sus
largos dedos y uñas, marcha sin dificultad sobre las hojas de los nenúfares
en busca de los insectos y las semillas que constituyen su alimento.

Plantas de la superficie de la laguna

MUCHAS PLANTAS ACUÁTICAS flotan libres en la superficie de la laguna; sus raíces no necesitan tomar alimentos del fango del fondo, sino que absorben los minerales directamente del agua. Estas raíces flotantes sirven también para equilibrar a la planta que las tiene, ya que algunas carecen de ellas.

A primera vista pudiera parecer que este tipo de plantas debería tener pocos problemas: el agua es su soporte natural, nunca carecen de humedad y alimento y flotando en el centro de la laguna ni los árboles ni otras plantas altas pueden quitarles la luz; pero también sufren desventajas: la superficie del agua puede verse violentamente agitada por el viento y las olas pueden zarandearlas y maltratarlas, incluso arrastrarlas al fondo, y durante el invierno pueden resultar atrapadas en la capa de hielo.

Las *lentejas de agua* están entre las plantas de flor más pequeñas del mundo. Solamente florecen en las aguas someras que reciben mucha luz solar. Las hojas contienen espacios llenos de aire, que las ayudan a mantenerse a flote.

Las diminutas raíces absorben minerales del agua.

Pelo verde, cladophora glomerata

Vista desde arriba

Vista de costado

Lenteja de agua

Aquí se muestran tres de las muchas especies de lentejas de agua que existen.

Maraña formada por cientos de plantas semejantes a hilos de un verde pálido.

Las nuevas plantas se producen a partir de brotes laterales que luego se desprenden y flotan independientemente.

Pelo verde es el nombre común de un tipo de alga que prolifera durante la primavera formando masas enmarañadas. Estas plantas pueden crecer y multiplicarse de tal manera que llegan a cubrir por completo la superficie del agua, privando de luz a las plantas que hay debajo.

Dos nuevas hojas desarrollándose en los costados de una hoja vieja.

Lenteja de agua con hojas en forma de hiedra.

Hoja y capullo de nenúfar

Este grabado muestra otra especie de *lenteja de agua* que solamente flota en la superficie cuando está en flor; el resto del tiempo se mantiene justo debajo de la superficie. Las hojas recuerdan a las de la hiedra cuando dos nuevas hojillas se están formando en los costados de la hoja original.

Como muchas otras hojas flotantes, estas *hojas de nenúfar* adoptan una forma redondeada, que probablemente es la mejor para evitar roturas cuando el viento agita la superficie de la laguna. La satinada cara superior repele el agua de lluvia, de forma que la hoja no resulte empapada cuando llueve.

Los nenúfares no son realmente plantas flotantes, ya que sus raíces están ancladas en el fango del fondo (págs. 42-43).

Azolla, helecho acuático

El matiz rosa se convierte
en un rojo oscuro al llegar
el otoño.

Raíces como hilos
cuelgan bajo
las plantas.

Las hojas se asemejan
mucho por la forma a
las de los nenúfares.

La *azolla* no es una planta de flor,
es un helecho, así que sus «hojas»,
tan delicadamente festoneadas,
se deben, en realidad, llamar frondes.
Pelos diminutos actúan como
repelentes del agua y evitan así que
las frondes se empapen, ya que el
peso las hundiría.

La *hydrocharis morsus-ranae, bocado de rana,* pariente
de la pita de agua (abajo), practica una técnica igual
para evitar el hielo del invierno. En su caso, sin
embargo, las partes que sobreviven al invierno son las
semillas y los apretados «capullos invernales».
Se producen en otoño y se hunden para reposar
sobre el fango del fondo donde esperan
a que la creciente temperatura y los más
largos períodos de luz de la primavera los
impulsen a una nueva etapa de
crecimiento; entonces, suben otra vez
a la superficie y empiezan a flotar.
En verano, las hojas en forma de
riñón y las flores
blancas, alfombran la
superficie de muchas
lagunas y pozas.

Hydrocharis
morsus-ranae,
bocado
de rana

En aguas muy someras,
estas plantas se suelen
anclar al fondo.

Pita de agua

Raíces colgantes

Las rosetas de la *pita de agua* pasan el
verano flotando en la superficie o cerca
de ella. Al aproximarse el otoño, las
hojas se cubren de una costra especial
que las hace hundirse por el peso.
La planta permanece sumergida para
ahorrarse las heladas del invierno.
Las hojas nuevas de la primavera la
hacen flotar otra vez. Esta planta se
reproduce por medio de estolones que
echan raíces a trechos regulares y
también por medio de flores femeninas
y masculinas que crecen en plantas
diferentes.

Las flores blancas de la *pita de agua* aparecen a
mediados del verano; las flores macho y las flores
hembra aparecen en plantas distintas. Cuando la
época de floración ha terminado, la planta se
hunde hasta el fondo de la laguna.

Largas raíces, no
ramificadas, cuelgan por
debajo de la planta para
equilibrarla.

Plantas sumergidas

LAS PLANTAS QUE VIVEN SUMERGIDAS en el agua de las lagunas y ríos forman como un pequeño bosque acuático. Proporcionan cobijo a algunos animales y a otros, un escondrijo desde el que acechar a sus presas y saltar sobre ellas cuando pasan nadando cerca. Estas plantas alimentan a muchos animales, desde los caracoles acuáticos a los patos. Y también proporcionan esa sustancia vital que es el oxígeno. Las plantas que realizan la fotosíntesis, utilizando la energía de la luz solar para formar sus nuevos tejidos, dejan escapar oxígeno como un subproducto de esta función. El oxígeno se queda en el agua y plantas y animales lo utilizan para respirar. En un día soleado se pueden ver diminutas burbujas de oxígeno pegadas al tallo de una planta sumergida e incluso, a veces, se las puede ver ascender hasta la superficie.

Ceratófilo submerso

Las abundantes raíces de la *violeta acuática* cuelgan como un velo. El tallo crece fuera del agua, no tiene hojas, sino flores rosa pálido de cinco pétalos.

Violeta de agua

Las hojas plumosas del *ceratófilo* viven perfectamente dentro del agua; incluso las flores se abren bajo la superficie; aparecen en el punto en que las hojas se unen al tallo.

El *volvox* es una planta acuática microscópica y un elemento muy importante en la alimentación de las pequeñas criaturas de la laguna.

Hierba pigmea de Nueva Zelanda

Raíces colgantes

Hidrófila canadiense

Esta planta, la *hidrófila canadiense*, está causando muchos problemas en vías acuáticas a causa de su propagación incontrolada. Se la introdujo para que oxigenase las aguas.

La *hidrófila canadiense* viajó hacia 1840 desde su tierra natal en Norteamérica hasta las lagunas y ríos europeos a los que se ha adaptado de tal manera que en algunos supone un peligro.

Gota de agua de una laguna vista al microscopio.

La *vallisneria* es una de las más conocidas hierbas acuáticas. Entre sus tallos encuentran refugio los peces, especialmente las percas, que se camuflan muy bien allí gracias a sus rayas verticales (pág. 23).

Vallisneria

Junco bulboso

Las finas hojas recuerdan las agujas de los abetos.

Los largos tallos verde pálido de la *collitriche palustris* suelen crecer en grupos.

El *junco bulboso* está habitualmente enraizado en el borde de la laguna, pero algunas veces, crece dentro del agua y entonces sus tallos se alargan mucho más.

Hierba de manantial

Libélulas y caballitos del diablo

Estos grandes insectos son poderosos voladores, van y vienen sobre la superficie del agua en busca de presas, pequeñas criaturas voladoras a las que detectan con sus enormes ojos. Los ojos de las libélulas, como los de otros insectos, están compuestos por muchas lentes, lo que probablemente proporciona al insecto una imagen parecida a un mosaico. Mientras los adultos sobrevuelan la superficie del agua, las ninfas se mueven por el fondo de la laguna. Adultos y ninfas son terriblemente carnívoros.

Caballitos del diablo

Son más pequeños que las libélulas. A primera vista se pueden confundir con ellas, pero hay varias diferencias importantes entre ellos, la más destacada es que, cuando se posan, los caballitos mantienen las alas verticales y unidas, mientras que las libélulas las mantienen horizontales y abiertas.

Las alas de los *caballitos del diablo* son todas de tamaño casi igual y con los bordes redondeados, lo que los diferencia de las libélulas.

Caballito del diablo esmeralda

Los ojos sobresalen de la cabeza.

Extremos de las alas redondeados.

Caballito del diablo, pyrrhosoma ninphula

Caballito del diablo de cola azul

En la mayor parte de los *caballitos del diablo*, el cuerpo de la hembra es ligeramente más grueso y menos coloreado que el del macho.

Caballito del diablo azur

Los ojos de los *caballitos del diablo* están a los lados de la cabeza, mientras que los de las libélulas están casi juntos en lo alto de la cabeza.

Los *caballitos del diablo* no suelen ser tan buenos voladores como sus parientes las libélulas.

Envoltura ninfal vacía

Ninfa de *libélula deprimida*

Ninfa joven de *libélula esna*

Mandíbula poderosa

Ganchos afilados con los que atrapan a la presa.

Mandíbula poderosa

Las *ninfas de libélula* son los grandes depredadores del fondo de la laguna. Su poderosa mandíbula, la máscara cazadora, está provista de dos agudos ganchos de tenaza. Esta máscara va plegada bajo la cabeza, pero la ninfa puede dispararla hacia adelante para atrapar a su presa y atraerla luego hasta la boca.

Esta envoltura ninfal corresponde a una *libélula cernícalo parda*. Los adultos suelen salir de su envoltura durante la noche o a primeras horas de la mañana, para escapar de sus predadores.

La libélula macho sujeta a la hembra, mientras ella se curva para recibir el esperma que él tiene en un órgano especial bajo su abdomen.

Una *libélula* empieza su vida en forma de huevo dentro del agua. Sale del huevo como una larva que tiene que mudar de piel para poder crecer. Muda de piel entre 8 y 15 veces, dependiendo de la especie. Este cambio gradual hasta llegar a adulto (compárese con el cambio rápido de oruga a mariposa) se llama «metamorfosis incompleta», en los estados intermedios esta larva se llama ninfa. Finalmente, la ninfa asciende por un tallo, sale del agua y su piel se abre para dejar salir al adulto.

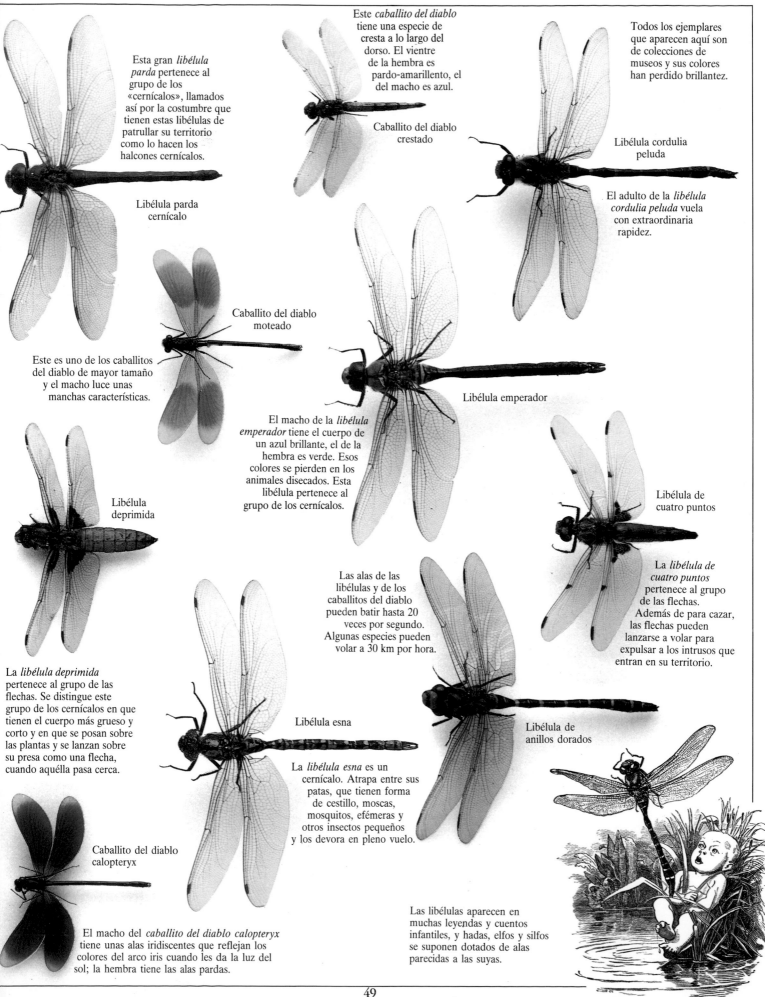

Esta gran *libélula parda* pertenece al grupo de los «cernícalos», llamados así por la costumbre que tienen estas libélulas de patrullar su territorio como lo hacen los halcones cernícalos.

Libélula parda
cernícalo

Este *caballito del diablo* tiene una especie de cresta a lo largo del dorso. El vientre de la hembra es pardo-amarillento, el del macho es azul.

Caballito del diablo
crestado

Todos los ejemplares que aparecen aquí son de colecciones de museos y sus colores han perdido brillantez.

Libélula cordulia
peluda

El adulto de la *libélula cordulia peluda* vuela con extraordinaria rapidez.

Caballito del diablo
moteado

Este es uno de los caballitos del diablo de mayor tamaño y el macho luce unas manchas características.

Libélula
deprimida

El macho de la *libélula emperador* tiene el cuerpo de un azul brillante, el de la hembra es verde. Esos colores se pierden en los animales disecados. Esta libélula pertenece al grupo de los cernícalos.

Libélula emperador

Libélula de
cuatro puntos

La *libélula de cuatro puntos* pertenece al grupo de las flechas. Además de para cazar, las flechas pueden lanzarse a volar para expulsar a los intrusos que entran en su territorio.

La *libélula deprimida* pertenece al grupo de las flechas. Se distingue este grupo de los cernícalos en que tienen el cuerpo más grueso y corto y en que se posan sobre las plantas y se lanzan sobre su presa como una flecha, cuando aquélla pasa cerca.

Las alas de las libélulas y de los caballitos del diablo pueden batir hasta 20 veces por segundo. Algunas especies pueden volar a 30 km por hora.

Libélula esna

Libélula de
anillos dorados

Caballito del diablo
calopteryx

La *libélula esna* es un cernícalo. Atrapa entre sus patas, que tienen forma de cestillo, moscas, mosquitos, efémeras y otros insectos pequeños y los devora en pleno vuelo.

El macho del *caballito del diablo calopteryx* tiene unas alas iridiscentes que reflejan los colores del arco iris cuando les da la luz del sol; la hembra tiene las alas pardas.

Las libélulas aparecen en muchas leyendas y cuentos infantiles, y hadas, elfos y silfos se suponen dotados de alas parecidas a las suyas.

Insectos acuáticos

LOS INSECTOS, las criaturas más adaptables de la Tierra, pueden vivir en lugares tan dispares como los glaciares, las fuentes termales, los desiertos o las selvas tropicales. Cerca de la mitad de los 25 grupos principales de insectos vive en agua dulce. Algunos, como los escarabajos acuáticos y los garapitos pasan prácticamente toda su vida en el agua. Otros, como las efémeras y las frigáneas, pasan su «infancia» en el agua y emergen cuando se convierten en adultos. Ciertos insectos acuáticos, incluidos los escarabajos, respiran aire y tienen que subir a la superficie para obtenerlo y luego lo almacenan de diversos modos muy ingeniosos (pág. 51). Otros, tienen branquias con las que pueden extraer oxígeno del agua, mientras que algunos pueden obtener oxígeno a través de su piel.

Alas incipientes

Cola peluda

Las *larvas de efémera*, como las de libélula, reciben el nombre de ninfas (pág. 48).

A medida que la ninfa madura, las alas incipientes van creciendo y tienen más importancia después de cada muda.

Gusano cola de rata, larva de *eristalix tenax*.

Eristalix tenax adulto

El gusano cola de rata es la larva del *eristalix tenax*, un moscón que tiene cierto parecido con los zánganos de una colmena de abejas.

Tubo para respirar

El *gusano cola de rata* tiene un largo tubo dividido en tres secciones que encajan una en otra como las de un telescopio. Vive en el fango de las lagunas absorbiendo materias en descomposición.

Efémera adulta

Largas colas características de este insecto.

La *efémera* tiene tres largas colas, igual que su larva. Mucha gente confunde a las efémeras con los mosquitos.

Las efémeras nacen en grandes grupos durante la primavera. Vuelan débilmente y no tienen boca, así que no pueden comer. Pasan los pocos días de su vida adulta apareándose y poniendo huevos en el agua. La «danza» de las efémeras atrae a los hambrientos peces y a los pescadores, que las utilizan como cebo para pescar truchas.

Las *frigáneas* adultas son menos conocidas que sus acuáticas larvas. Los adultos de esta especie son grisáceos o pardos, salen al atardecer o de noche, y frecuentemente se las confunde con pequeñas polillas. Vuelan cerca del agua, casi nunca comen y no suelen vivir más que unos pocos días.

Muchas *larvas de frigánea* son acuáticas y se construyen envolturas protectoras. El material que utilizan es distinto en cada especie. La larva alarga su envoltura a medida que crece.

Las envolturas larvales pueden estar sujetas a las plantas acuáticas o reposar en el fondo de la laguna.

Las antenas suelen ser tan largas como el cuerpo.

La frigánea adulta vuela.

Alas cubiertas de finos pelos

Tallos de plantas

Conchas vacías de caracoles

Piedrecillas

La envoltura se alarga a medida que la larva crece.

La cabeza de la larva asoma por la abertura delantera.

Cada especie construye una envoltura diferente.

Entrada de la envoltura

Envoltura de una larva de frigánea

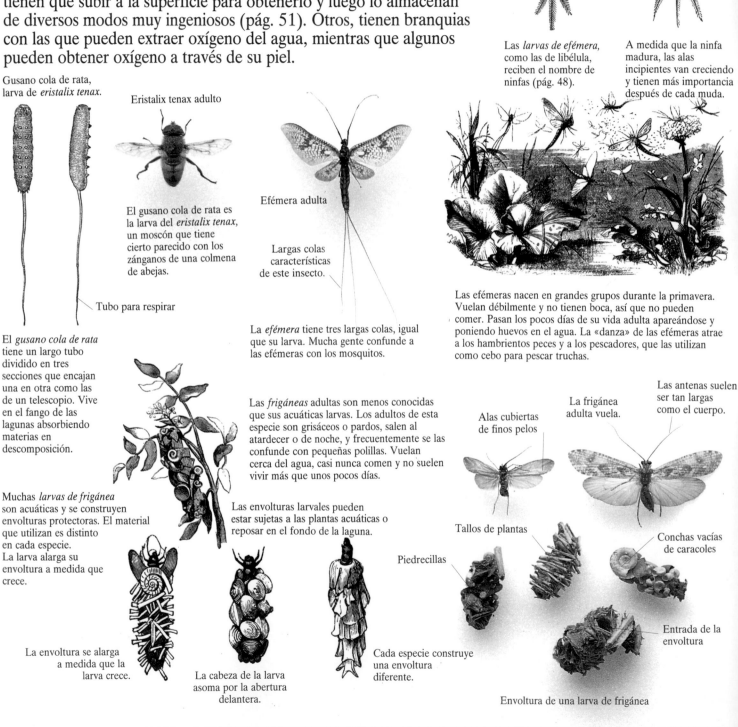

Las patas delanteras atrapan la presa.

Insecto palo acuático

Las patas delanteras atrapan renacuajos y otras pequeñas presas.

Hidrómetra o zapatero

Patas remadoras

Escorpión acuático

Patas que hacen de timón

El *insecto palo acuático* tiene unas patas delanteras, que se parecen a las de la mantis religiosa, con las que atrapa a las pequeñas criaturas acuáticas para chuparles todos sus jugos vitales. De vez en cuando, hace un corto viaje a la superficie para tomar aire a través de su larga cola.

Escorpión acuático

Cuando algo molesta al *escorpión acuático,* éste se deja caer hasta el fondo de la laguna y allí permanece inmóvil, semejante a una hoja muerta. Éste es de una especie pequeña.

Las cuatro patas traseras de la *hidrómetra* están provistas de pelos que repelen el agua de modo que el animal no puede hundirse mientras «patina» por la superficie.

Tubo para respirar

Élitros

Corixa o garapito

Patas con pelos para nadar.

Notonecta

Las dos partes de la cola están habitualmente unidas por pelillos para formar un tubo que le permite absorber aire.

La cola del *escorpión acuático* no es un aguijón venenoso como la de su homónimo terrestre, es sólo un tubo para respirar. Las partes peligrosas de su cuerpo son sus «garras» delanteras y su boca en forma de tubo chupador.

La *notonecta* es una chinche de agua, no un escarabajo, nada de espaldas, así que no es corriente verla en esta posición. Tiene alas y puede volar, pero pasa la mayor parte de su vida cabeza abajo cerca de la superficie del agua.

La *corixa o garapito* tiene dos patas como remos que le permiten nadar a gran velocidad. Come cualquier tipo de materia vegetal que pueda atrapar entre sus patas delanteras.

Burbuja de aire

La *araña acuática,* que no es un insecto, sino un arácnido, se construye una reserva de aire. Teje una tela entre las plantas acuáticas y la llena de aire que trae de la superficie. Este aire que la araña transporta en los pelos de su abdomen le dan un matiz plateado (a la izquierda).

En una laguna pequeña el *gran escarabajo buceador* tiene pocos enemigos y muchas presas que cazar: renacuajos, insectos acuáticos y pequeños peces, como este desafortunado espinosillo.

Los *escarabajos acuáticos* tienen que respirar aire y han desarrollado medios muy ingeniosos de tomarlo de ia superficie. Muchos atrapan y conservan aire en los pelillos de su abdomen. Otros atrapan el aire bajo sus élitros, lo que les hace flotar y les dificulta el nadar hacia el fondo. Algunos, como este escarabajo acuático plateado, utilizan los dos métodos.

Escarabajo acuático plateado

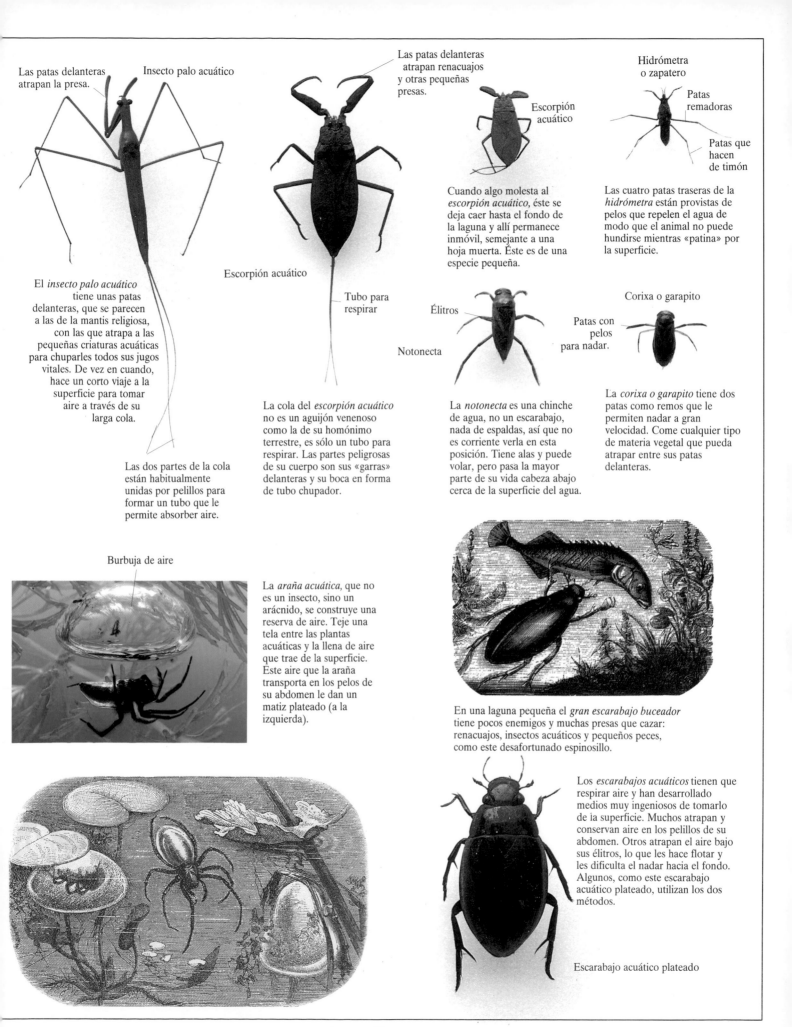

Moluscos de agua dulce

TODOS LOS MOLUSCOS de esta página aparecen en su tamaño natural. Sus conchas están hechas principalmente de minerales que contienen calcio. Para fabricar su concha, el animal tiene que tomar minerales del agua en la que vive. En general, los moluscos son más abundantes en las zonas de aguas duras, es decir, las que contienen más minerales en disolución. Los caracoles y las lapas se alimentan de hierbas acuáticas y algas, aunque algunas especies se alimentan filtrando el agua y aprovechando las partículas alimenticias que contiene. Las almejas y otros bivalvos se alimentan también por el sistema de filtrado.

Los anillos de crecimiento de esta *almeja* muestran que tiene seis o siete años.

La respiración de los moluscos

Los *caracoles acuáticos* se dividen en dos grupos, los que respiran aire y los que absorben oxígeno del agua a través de branquias. Al primer grupo pertenecen las limneas, el gran caracol rueda planorbis, el planorbis nautilus y el planorbis blanco. Se les llama pulmonados y ascienden a la superficie para tomar aire que guardan en una cavidad parecida a un pulmón.
Al segundo grupo pertenecen los bivalvos, la caracola viviparus y las lapas. Se les llama prosobranquios.

Almeja de las lagunas, más pequeña que la almeja de río que aparece encima.

Generalmente los *caracoles de laguna* o *limneas*, se curvan en espiral hacia la derecha, pero también los hay que se curvan hacia la izquierda.

El *planorbis nautilus* es tan pequeño que su concha es semi-transparente.

Este diminuto bivalvo es la comida habitual de muchos peces y pájaros acuáticos.

La espiral de este *caracol de laguna* es mucho más estrecha en la punta.

El pequeño *planorbis blanco* aparece en lagunas y arroyos.

El *nerite* tiene la concha moteada.

Se llama bivalvos a los moluscos que tienen dos conchas, generalmente unidas por una charnela.

Moluscos de río

Los moluscos de esta página y las dos almejas de la izquierda prefieren las aguas corrientes a las aguas quietas de lagunas y lagos. Los anillos de la concha indican la edad, que puede alcanzar los 12 años en un ejemplar grande. Los anillos de crecimiento aparecen también en los caracoles, pero son menos visibles los surcos que separan unos de otros.

Los caracoles crecen añadiendo a su concha un pedazo en el extremo de la abertura.

Las *conchas de los caracoles* se curvan en espiral y son cada vez más anchas.

Un *caracol de río* puede tener una concha de 5 cm para lo que ha tenido que recoger mucho calcio.

Algunos *caracoles de río* tienen una abertura que recuerda mucho a una oreja humana.

El bivalvo *unio pictorum* es marcadamente puntiagudo en el dorso.

Este *bivalvo «cebrado»* se adhiere a las rocas por medio de fibras duras, el viso.

El *gran planorbis* come plantas acuáticas.

La última circunvolución del *radix ovata* es muy ancha.

Estos pequeños caracolillos brillantes y compactos son *bithynias*.

También éstos son *bythynias*, más pequeños y de color más oscuro.

La *lapa de río* es en realidad un caracol, pero su concha no tiene forma espiral, sino plana.

Los caracoles pueden cerrar su abertura por medio del *opérculo*, pieza redonda y dura.

La *lapa de río* se suele encontrar en los ríos de aguas tranquilas.

El *opérculo* es como la puerta de la concha del caracol y el animal lo abre cuando desea salir.

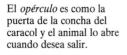

El opérculo cierra herméticamente la concha del caracol.

Los diminutos bivalvos de río se alimentan por el sistema de filtrado.

Estos diminutos caracolillos en espiral se encuentran lo mismo en los estuarios que en las lagunas.

La cabecera del río

MUCHOS RÍOS comienzan su vida en forma de torrente que desciende por la ladera de una montaña, deslizándose velozmente sobre terreno escarpado, formando pequeñas cascadas al saltar desniveles y brincando y rebrincando sobre su lecho de guijarros. Las estrechas gargantas y los árboles que bordean el agua crean un mundo de sombras, siempre húmedo en el que prolifera una vegetación muy específica, siempre salpicada por el agua. Las aguas del torrente corren a gran velocidad y arrastran todo aquello que no se oponga tenazmente a su fuerza.

Durante una crecida todas las comunidades animales y vegetales pueden ser barridas corriente abajo, pero seguramente nuevas esporas, semillas y animales saldrán luego de sus refugios bajo las rocas para volver a empezar una vida que supone luchar siempre contra la corriente.

Mirlo acuático

El *mirlo acuático*, de pie sobre una piedra en medio de la corriente, ladea continuamente la cabeza en busca de presas. Puede caminar por el lecho del río, en contra de la corriente, con las patas firmemente agarradas a las piedras del fondo y ayudado por los movimientos de su cola.

Los *cangrejos de río* prefieren las aguas duras; son parientes lejanos de las langostas de mar. Necesitan muchos minerales de calcio para fabricarse el caparazón.

El caparazón de los *cangrejos de río* está hecho de minerales que contiene el agua.

Cangrejo de río

Las zonas húmedas de la orilla salpicadas por el agua están pobladas por plantas como los *musgos*, las *hepáticas*, los *helechos* y otras plantas, como la *violeta de pantano*.

Musgo polytrichum

Helecho

Hongo

Los *hongos* proliferan en este ambiente húmedo y sombrío de la orilla.

Hepática

Los ambientes húmedos y sombríos favorecen el crecimiento de ciertos líquenes, que son una combinación, simbiosis, de un hongo con una alga. En esta rama crecen dos tipos diferentes de líquenes.

Luzula

Hepática

Violeta de pantano

Coto común

A pesar de la rápida corriente, los *cotos* prefieren la cabecera del río. Son muy planos, lo que les permite guarecerse bajo las piedras.

Hojas de roble

Árboles, como el *roble*, extienden sus ramas sobre el agua y sus hojas y frutos cuando caen proporcionan alimento a los habitantes del río.

Musgo de las fuentes

Bellotas

Agallas hechas por insectos que viven en las hojas del roble.

Frondes profundamente divididas

Luzula

El *fontinalis* o *musgo de fuente*, ondula en la corriente, bien sujeto a una piedra gruesa o a un tronco caído dentro del agua.

Entre los grandes guijarros del centro de la corriente puede quedar aprisionada una cantidad de tierra que las plantas aprovechan, como esta *luzula*, para formar una islilla verde.

Hileras de esporas

Hojas grandes y brillantes

Musgo creciendo sobre la piedra

Helecho macho

Helechos de diversos tipos crecen a lo largo de las riberas en los medios sombreados y húmedos. El helecho *lengua de ciervo* (en el extremo derecho), muestra hileras de esporangios en el envés de las hojas. Los helechos poseen habitualmente frondes fuertes no ramificadas.

Frondes verde pálido muy hendidas

Frondes verde oscuro muy brillantes

Blechnum spicant, helecho de frondes duras

Helecho hembra

Helecho lengua de ciervo

Esporangios, cavidad donde se almacenan las esporas, de color pardo.

La vida en la orilla del río

A MEDIDA QUE EL AGUA del torrente pierde velocidad, se une a otras corrientes de agua y su lecho se va ampliando, el río comienza su vida. Se suele llamar río al curso de agua que tiene ya más de 5 m de anchura. Los ríos muy anchos suelen tener una corriente muy lenta, lo que permite a las plantas enraizar y florecer a la misma orilla del agua. En los ríos que tienen la orilla alta suele haber dos zonas claramente diferenciadas de vegetación: los lirios y el llantén de agua, que tienen las raíces en la zona inundada, y la eupatoria canabina, el bálsamo himalayo y otras similares, que crecen un poco más arriba.

Cabeza floral parecida al cardo.

Pasear en barca por el río ha sido desde siempre un pasatiempo muy agradable.

Cada una de las pequeñas «flores» de la *eupatoria canabina* está compuesta, a su vez, por cinco diminutas florecillas.

Esta flor de *cardencha* está a punto de abrirse, sus pétalos de un rosa malva no se ven todavía.

Cardencha

Los ganchitos adhieren el fruto a cualquier animal que pase.

La espinosa cabeza floral está todavía desarrollándose.

Las hojas de forma acorazonada están ligeramente inclinadas.

Dentro de las flores se forman las cápsulas de las semillas, que se abren de forma explosiva cuando han madurado.

Las hojas tienen los bordes dentados.

El *bálsamo indio* es nativo de la región del Himalaya. Se trajo como planta doméstica ornamental y ahora se ha extendido por las orillas de lagunas, arroyos y pantanos.

El tallo tiene un matiz rojizo.

Bálsamo indio (o bálsamo himalayo)

Eupatoria canabina

Las hojas tienen los bordes serrados.

Las flores jóvenes de la *gran bardana* tienen ya los ganchos que, cuando las semillas maduren, les permitirán engancharse en las pieles, la lana y los calcetines.

Cuando hay crecida en el río, restos de plantas y otros materiales se enganchan en alguna rama colgante y luego quedan como una señal de hasta dónde subió el agua.

Viejos tallos de plantas se enganchan en una rama que cuelga sobre el río.

En la orilla del río viven muchos mamíferos. Las *nutrias* se instalan en madrigueras bien escondidas entre la vegetación o bajo las raíces de algún árbol colgado sobre la corriente.

Las inflorescencias del *llantén de agua* tienen forma piramidal y resultan muy visibles en la orilla.

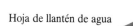

Hoja de llantén de agua

Los fondos de ríos y lagos están llenos de pequeños animalillos como éstos, de los que se alimentan los peces y otros animales acuáticos.

Gusano plano o planaria

Quisquilla de agua dulce

Esta larva de *frigánea* se ha hecho una envoltura con piedrecillas.

Gusano plano o planaria

Quisquilla de agua dulce

Inflorescencia del llantén de agua.

Marcas de los dientes de un animal.

Misgurgos o lochas de laguna

Los barbillones que tienen estos peces sobre la boca les sirven como órganos del tacto. Este pez de río sale al anochecer de su refugio bajo una piedra para rebuscar entre el lodo los gusanos y animalillos que son su comida.

El *llantén de agua* enraíza en el barro de la orilla de los ríos pequeños y de los arroyos. Sus flores están cerradas durante casi toda la mañana y la tarde, se abren sólo a mediodía.

La hierba de manantial proporciona refugio a estos tímidos pececillos.

Moluscos diminutos se fijan a las piedras.

Pequeñísimas flores de color lila.

Hojas de lirio amarillo.

Estas hojas de lirio amarillo que crecen a la orilla del río han sido mordisqueadas por algún mamífero herbívoro.

Bajo sus ovaladas conchas, los «pies» de estos moluscos se agarran firmemente a la piedra.

La desembocadura del río

EL CURSO del río se termina. Sus dos riberas se separan, se abren y se convierten en la orilla del mar. Con las mareas, el agua salada entra en el río y los animales y las plantas de las orillas sufren su influencia. El tramo final de un río se llama el estuario, y es aquí donde la corriente se detiene y hasta las más pequeñas partículas que el agua llevaba en suspensión quedan depositadas en el fondo. El agua, revuelta por las olas y las mareas, se enturbia, así que las plantas sumergidas son escasas, ya que no reciben suficiente luz para realizar la fotosíntesis (pág. 10). Son pocos los animales y las plantas que han podido adaptarse a las enormes variaciones de concentración de sal de este lugar, pero los que lo han conseguido tienen pocos competidores, así que suelen reunirse en grupos grandes. Todos los ejemplares que aparecen aquí han sido recogidos en un estuario; pueden dar idea de la enorme variedad de seres vivientes que allí se pueden concentrar.

Las plumas desechadas durante una muda pueden encontrarse en un estuario y son testimonio de las especies que viven en él.

Plumas de muda

Hueso pulido por las olas

Gaviota

La abundante vida animal del estuario atrae a las gaviotas.

Entre los tesoros que se pueden encontrar a la orilla del estuario habrá varios tipos de huesos pulidos por el agua.

Salicornia

Euforbia marítima

La *euforbia marítima* extiende sus tallos por las dunas de la desembocadura del río. Sus hojas son carnosas y duras como las de la salicornia.

Las *salicornias* crecen bien en estuarios y marismas; en otros tiempos se utilizaban en la preparación del cristal, ya que son ricas en sosa. Sus hojas son comestibles.

Bandadas de *ostreros* y otras aves zancudas se congregan sobre la arena del estuario durante la marea baja para atrapar gusanos, almejas, quisquillas y cangrejos.

Las hojas carnosas almacenan agua.

Salicornia

Arenaria peploides

Zostera marina

Plumas

Las raíces ayudan a consolidar el légamo del estuario.

En las aguas tranquilas de los estuarios suelen aparecer pequeñas islas flotantes formadas por desechos de todo tipo: algas marinas muertas, plumas, hierbajos secos procedentes del río y restos de cangrejos.

Los *pollos del ostrero* salen del huevo, que fue puesto sobre la escasa vegetación del estuario. Pueden necesitar hasta 26 semanas para aprender las especializadas técnicas de conseguir comida que sus padres tienen que enseñarles.

Bígaros

Tellina

Berberecho

Litorina

Mejillón

Cangrejillo

Trozo de ostra

Concha de tellina

Concha de berberecho

Ostrero y su pollo

Agujero hecho por un ave

Concha de berberecho

Concha de tellina

Estas *conchas de molusco* han sido perforadas por el pico de un ave que se ha comido el animal que estaba en su interior.

Cualquier obstáculo que se coloque en las quietas aguas del estuario, como un muelle o un malecón, se ve inmediatamente invadido por todos los seres vivos capaces de soportar los diferentes grados de salinización del agua. La *pulga de roca* es un crustáceo, pariente de la cochinilla terrestre de la humedad; es también pariente lejana del cangrejo.

Pulga de roca

Gusano arenícola marino

Un montoncito de desechos sobre la arena del estuario marca el refugio en forma de U que este gusano se excava en la arena.

Concha de ostra

Tarro blanco

Lapas

Seba o zueco

Concha de berberecho

Los pollos se parecen a los de cualquier otro pato, mientras que el *tarro blanco* adulto recuerda más a una oca.

Concha de navaja

Las conchas de *moluscos marinos* son, a veces, empujadas por las olas hasta las orillas del estuario, como le ha ocurrido a esa piedra cubierta de lapas que la tempestad arrancó de su sitio.

Cangrejo

El *pez aguja* o *mula norteña* tiene una piel dura y se mueve utilizando su aleta dorsal principalmente. Se adapta bien a la cambiante salinidad del agua del estuario. Es pariente del caballito de mar.

Pez aguja o mula norteña

Algas en espiral

En los lugares más abrigados y de cara al mar, las *algas* encuentran rincones en los que agarrarse. Este manojo de algas verdirrojas es característico de la zona alta de la orilla.

La marisma

MUCHOS ESTUARIOS (pág. 58) están rodeados por grandes extensiones de terreno salitroso, surcado por hendiduras y canalillos, que mantiene una vegetación muy específica, ya que solamente ciertos tipos de plantas se han adaptado a las rápidas variaciones de concentración salina del suelo en que viven. Dos veces al día, el agua del mar invade las hendiduras y canalillos del desagüe y la arena y el barro quedan empapados de sal. Cuando la marea desciende, deja detrás residuos salinos. Las mareas de primavera invaden toda la marisma con agua de mar; pero es muy posible que unas horas después, y durante la marea baja, llueva intensamente, con lo que el agua que cubre la marisma se convierte en unos momentos en agua casi dulce.

Muchas plantas de marisma tienen flores de color rosa, azul-morado o malva, que cuando se abren ponen sus notas de color en la marisma. Suelen florecer a finales de verano o en otoño.

Cabeza floral

Las cabezas florales del *agropyron repens* destacan en este manojo de hierbas nacidas en la parte más alta y seca de la marisma.

Aster marítimo

Espiga floral

Llantén marítimo
Esta pequeña planta suele crecer en el suelo salitroso del estuario.

Llantén marítimo

A finales del verano o principios del otoño, las vistosas flores del *aster marítimo* alfombran grandes extensiones de la marisma.

El tallo floral brota entre un manojo de hojas carnosas.

Espiga floral

A finales del verano, las flores de la *lavanda marítima* tiñen de lila la marisma.

Agropyron repens

Las hojas tienen un matiz azulado.

Entre los tallos de las hierbas que crecen en la marisma es fácil distinguir el del *troglochín marítimo*, que puede parecer una hierba, pero no lo es.

Lavanda marítima, limonium vulgare

Troglochín marítimo

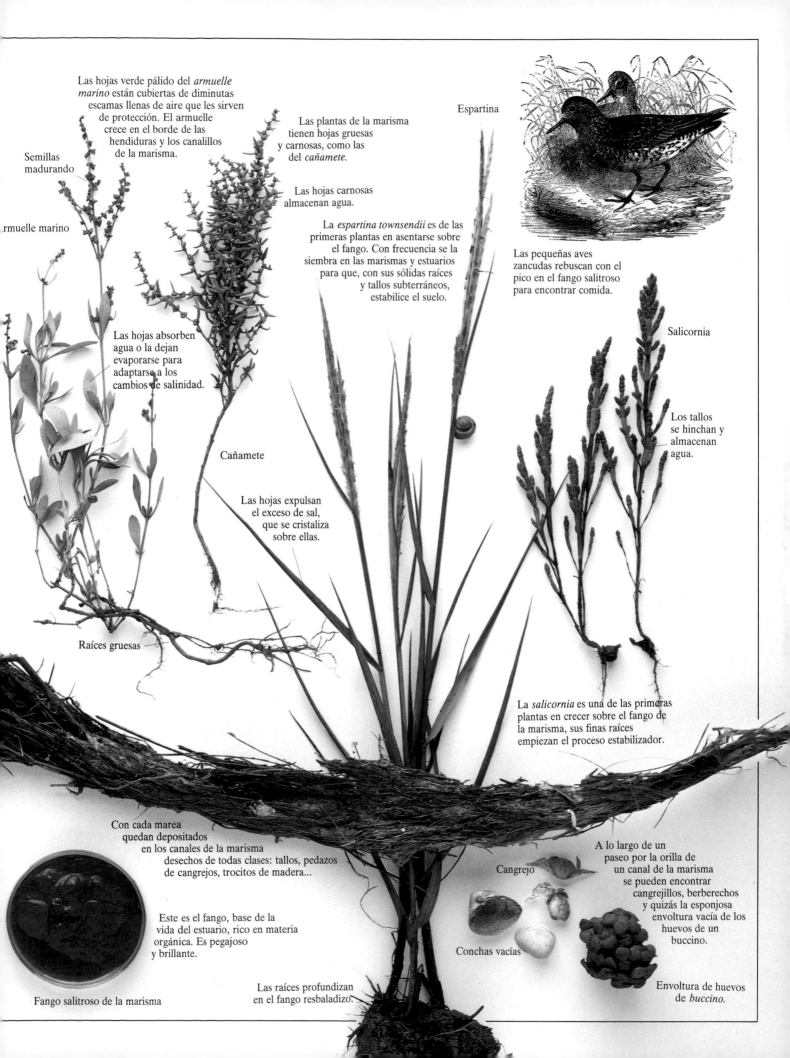

Las hojas verde pálido del *armuelle marino* están cubiertas de diminutas escamas llenas de aire que les sirven de protección. El armuelle crece en el borde de las hendiduras y los canalillos de la marisma.

Semillas madurando

armuelle marino

Las hojas absorben agua o la dejan evaporarse para adaptarse a los cambios de salinidad.

Raíces gruesas

Las plantas de la marisma tienen hojas gruesas y carnosas, como las del *cañamete*.

Las hojas carnosas almacenan agua.

La *espartina townsendii* es de las primeras plantas en asentarse sobre el fango. Con frecuencia se la siembra en las marismas y estuarios para que, con sus sólidas raíces y tallos subterráneos, estabilice el suelo.

Cañamete

Las hojas expulsan el exceso de sal, que se cristaliza sobre ellas.

Espartina

Las pequeñas aves zancudas rebuscan con el pico en el fango salitroso para encontrar comida.

Salicornia

Los tallos se hinchan y almacenan agua.

La *salicornia* es una de las primeras plantas en crecer sobre el fango de la marisma, sus finas raíces empiezan el proceso estabilizador.

Con cada marea quedan depositados en los canales de la marisma desechos de todas clases: tallos, pedazos de cangrejos, trocitos de madera...

Este es el fango, base de la vida del estuario, rico en materia orgánica. Es pegajoso y brillante.

Fango salitroso de la marisma

Cangrejo

Conchas vacías

A lo largo de un paseo por la orilla de un canal de la marisma se pueden encontrar cangrejillos, berberechos y quizás la esponjosa envoltura vacía de los huevos de un buccino.

Envoltura de huevos de *buccino*.

Las raíces profundizan en el fango resbaladizo.

Estudio y conservación

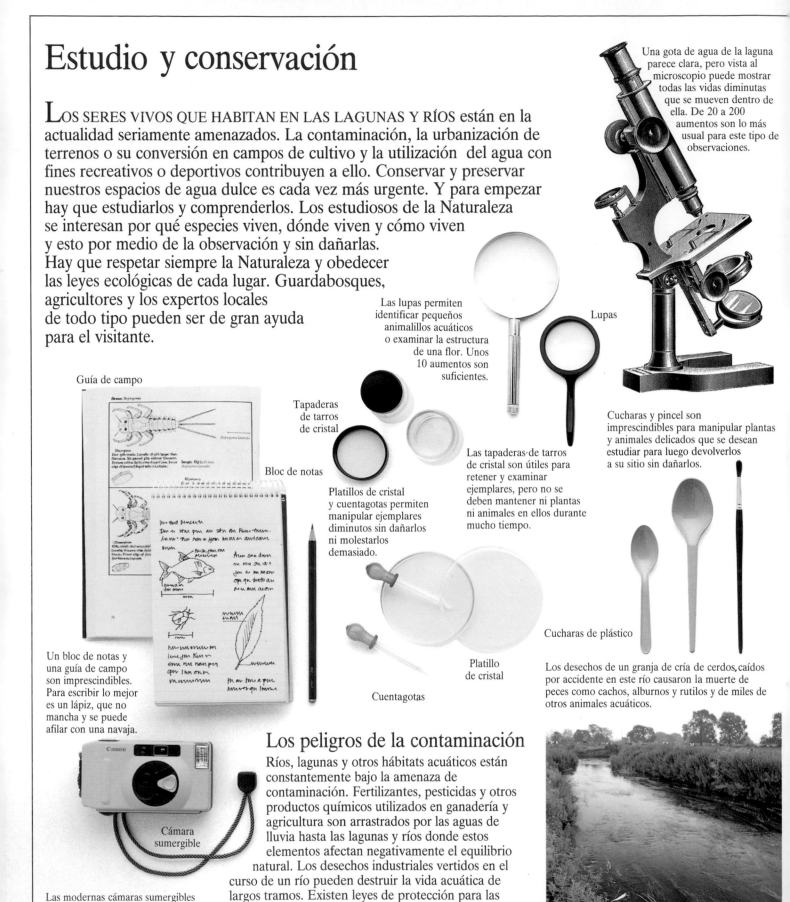

LOS SERES VIVOS QUE HABITAN EN LAS LAGUNAS Y RÍOS están en la actualidad seriamente amenazados. La contaminación, la urbanización de terrenos o su conversión en campos de cultivo y la utilización del agua con fines recreativos o deportivos contribuyen a ello. Conservar y preservar nuestros espacios de agua dulce es cada vez más urgente. Y para empezar hay que estudiarlos y comprenderlos. Los estudiosos de la Naturaleza se interesan por qué especies viven, dónde viven y cómo viven y esto por medio de la observación y sin dañarlas. Hay que respetar siempre la Naturaleza y obedecer las leyes ecológicas de cada lugar. Guardabosques, agricultores y los expertos locales de todo tipo pueden ser de gran ayuda para el visitante.

Una gota de agua de la laguna parece clara, pero vista al microscopio puede mostrar todas las vidas diminutas que se mueven dentro de ella. De 20 a 200 aumentos son lo más usual para este tipo de observaciones.

Las lupas permiten identificar pequeños animalillos acuáticos o examinar la estructura de una flor. Unos 10 aumentos son suficientes.

Lupas

Guía de campo

Tapaderas de tarros de cristal

Bloc de notas

Cucharas y pincel son imprescindibles para manipular plantas y animales delicados que se desean estudiar para luego devolverlos a su sitio sin dañarlos.

Las tapaderas de tarros de cristal son útiles para retener y examinar ejemplares, pero no se deben mantener ni plantas ni animales en ellos durante mucho tiempo.

Platillos de cristal y cuentagotas permiten manipular ejemplares diminutos sin dañarlos ni molestarlos demasiado.

Cucharas de plástico

Un bloc de notas y una guía de campo son imprescindibles. Para escribir lo mejor es un lápiz, que no mancha y se puede afilar con una navaja.

Platillo de cristal

Cuentagotas

Los desechos de un granja de cría de cerdos, caídos por accidente en este río causaron la muerte de peces como cachos, alburnos y rutilos y de miles de otros animales acuáticos.

Los peligros de la contaminación

Ríos, lagunas y otros hábitats acuáticos están constantemente bajo la amenaza de contaminación. Fertilizantes, pesticidas y otros productos químicos utilizados en ganadería y agricultura son arrastrados por las aguas de lluvia hasta las lagunas y ríos donde estos elementos afectan negativamente el equilibrio natural. Los desechos industriales vertidos en el curso de un río pueden destruir la vida acuática de largos tramos. Existen leyes de protección para las aguas, pero no siempre se obedecen; se producen «accidentes» y los inspectores no pueden controlar cada desagüe. Todos podemos colaborar denunciando las irregularidades que descubramos y también ayudando a limpiar una laguna o un río que los desaprensivos hayan utilizado como cubo de basura.

Cámara sumergible

Las modernas cámaras sumergibles permiten tomar fotos en los lugares más húmedos, incluso bajo el agua pulverizada de una pequeña catarata. Las fotos captan la naturaleza sin dañarla.

Navaja

Podadera

Bolsas de plástico
y cierres

Cedazo de malla fina

Las plantas acuáticas se
secan rápidamente fuera del agua.
Para su transporte se deben
guardar en bolsas de plástico
bien cerradas.

Las plantas silvestres sólo se pueden cortar si se ha
obtenido permiso para ello y utilizando un
instrumento muy afilado para dañarlas
lo menos posible.

Tridente

Pala

Un cedazo fino puede
moverse suavemente
dentro del agua para
separar animalillos
pequeños del fango y la
arcilla.

Un cubo atado a una
cuerda puede bajarse
desde la orilla, un puente
o una barca para tomar
una muestra del agua.

Cajas de plástico que
cierran herméticamente.

Los animales se deben instalar
dentro de recipientes herméticos;
si se introducen también algunas
hierbas acuáticas, se evitará el
excesivo movimiento del agua
que puede dañar a los
animales.

Si se ha obtenido permiso para tomar
algunas plantas o para excavar en el
fango en busca de animales, se deben
utilizar herramientas adecuadas
y que estén muy limpias; y
proceder con el mayor
cuidado para producir el
menor daño posible.

Cubo para tomar muestras
de agua

Red gruesa

Red fina

Redes de mallas de
diferentes anchos, unas para
animales más grandes y otras para los
más pequeños. Se deben utilizar con cuidado para
no desenraizar plantas. Después de separar el ejemplar que
se desea, se deben devolver los restantes al agua con cuidado.

Índice

Iconografía

s = superior   c = centro   i = inferior
iz = izquierda   d = derecha

Heather Angel: 43sd; 45id; 53id
G. I. Bernard/Oxford Scientific Films: 51ciz
B. Borrell/Frank Lane Picture Agency: 39c
Bridgeman Art Library: 34sd
British Museum/Natural History: 48siz
B. B. Casals/Frank Lane Picture Agency: 39s
John Clegg: 47siz
G. Dore/Bruce Coleman Ltd.: 48cd; 60sd
Fotomas Index: 39ciz
C. B. y D. W. Frith/Bruce Coleman Ltd.: 41id
Tom y Pam Gardener/Frank Lane Picture Agency: 38id
D. T. Grewcock/Frank Lane Picture Agency: 62id
Mark Hamblin/Frank Lane Picture Agency: 39ic

David Hosking/Eric y David Hosking: 27c; 37ciz
Mansell Collection: 13c, 5d, ciz; 35ciz; 49id
L. C. Marigo/Bruce Coleman Ltd.: 42iiz
Mary Evans Picture Library: 22siz; 23sd; 30iiz; 40sd
Dr. Morley Reed/Science Photo Libray: 39iiz
Jany Sauvanet/Natural History Photographic Agency: 40ciz
Richard Vaughan/Ardea: 58cd
Roger Wilmshurst/Frank Lane Picture Agency: 29s

Ilustraciones de Coral Mula: 34iiz; 36ciz, iiz, id: 35siz, ciz; 38ciz, c; 39 sc

Documentación gráfica: Millie Trowbridge

Han colaborado

The Booth Museum of Natural History, Brighton;
Ed Wade, Respectible Reptiles, Hampton;
Richard Harrison y Robert Hughes, Upwey Trout Hatchery;
Jane Parker;
Fred Ford y Mike Pilley de Radius Graphics;
Ray Owen;
Anne-Marie Bulat;
Carole Ash;
Neville Graham;
Martyn Foote;
Kim Taylor;
Dave King;
Don Bentley;
Mike Birch, Mickfield Fish Centre;
Max Bond y Tim Watts de

Framlingham Fisheries;
CEL Trout Farm, Woodbrige;
Keith Chell y Chris Riley del Slapton Ley Field Centre;
Wendy y David Edwards;
Ellen y Chris Nall;
Jacqui y Tony Storer;
David «Biggles» Gooderham y Jane Parker;
Andrea Hanks y el personal de Thornham Magna Field Centre;
Alastair MacEwan;
Ashley Morsely;
Richard Weaving de Dawlish Warren Nature Reserve;
John Wortley, Andy Wood y sus colegas en Anglian Water Authority.